El
MILAGRO
de un
REGALO
EXCEPCIONAL

ROGER PATRÓN LUJÁN

El *MILAGRO* de un
REGALO EXCEPCIONAL

Roger Patrón Luján nació en Mérida, Yucatán. Es el autor de la exitosa serie de autoayuda *Regalo excepcional*, en la cual destacan *El tesoro de un regalo excepcional* y *El secreto de un regalo excepcional*.

Date: 10/13/2023 10:55am
Member: CARLOTA

Title	Author	Due
El engano de los edulcorantes con estivia: y otros edulcorantes bajos en calorias	Fife, Bruce (	11/3
El milagro de un regalo excepcional		11/3

Total items currently out: 2.

Wow! Today, you saved $31.90.
In 2023, you have saved $359.

Library Hours:

Monday: 9:00 - 7:00
Tuesday: 9:00 - 7:00
Wednesday: 9:00 - 7:00
Thursday: 9:00 - 7:00
Friday: 9:00 - 7:00
Saturday: 9:00 - 5:00
Sunday: Closed

El
MILAGRO
de un
REGALO
EXCEPCIONAL

ROGER PATRÓN LUJÁN

VINTAGE ESPAÑOL
Una división de Random House, Inc.
Nueva York

PRIMERA EDICIÓN VINTAGE ESPAÑOL, SEPTIEMBRE 2012

Copyright © 2007 por Roger Patrón Luján

Todos los derechos reservados. Publicado en coedición con Random
House Mondadori, S. A., Barcelona, por Vintage Español, una división
de Random House, Inc., Nueva York, y en Canadá por Random House
of Canada Limited, Toronto. Originalmente publicado en México
por Random House Mondadori, S. A. de C. V., México D. F., en 2007.
Copyright © 2007 por Random House Mondadori, S. A. de C. V.

Vintage es una marca registrada y Vintage Español y
su colofón son marcas de Random House, Inc.

Información de catalogación de publicaciones disponible
en la Biblioteca del Congreso de los Estados Unidos.

Vintage ISBN: 978-0-345-80246-0

www.vintageespanol.com

Impreso en los Estados Unidos de América
10   9   8   7   6   5   4   3   2   1

Contenido

AGRADECIMIENTOS

Angie, Alfredo, Antonio, Armando, Arturo, Augusto,
Aurora, Berta, Carlos, Cata, César, David, Domenico,
Eduardo, Elmer, Elsa, Enrique, Ernesto, Federico,
Gabriel, Gaby, Georgina, Germán, Guillermo, Gonzalo,
Irene, Ivette, Jaime, Joaquín, Jorge, Johnny, José Alberto,
Lourdes, Manuel, María, Mario, Maricruz, Marisa,
Mauricio, Merce, Mercedes, Miguel, Miriam, Mitzie,
Mónica, Montserrat, Norma, Octavio, Óscar, Paola,
Patricia, Pedro, Peter, Rafael, Raúl, Roberto, Rodolfo,
Roger, Roger II, Rosa Isela, Salvador, Santos, Sergio,
Stefano, Sylvia, Tomás, Víctor.

¡GRACIAS!

El
MILAGRO
de un
REGALO
EXCEPCIONAL

❧

Prefacio

Por ser éste el tercero de los libros que llevan como título *Regalo Excepcional*, quiero escribir unas líneas que sirvan de introducción.

Como lo he mencionado, durante más de treinta años reuní, ya por mi propia iniciativa, ya por manos bondadosas que me los hacían llegar, pensamientos de grandes hombres y mujeres de todas las épocas, países, ideologías y religiones que poco a poco han sido publicados, primero en tarjetas, posteriormente en libros caseros y ahora en libros formales.

También es importante mencionar que estos libros han sido utilizados como material de referencia, ya que se emplean tanto en escuelas como para la recopilación de otros libros.

En el prefacio de la edición de *Un Regalo Excepcional* mencioné varias anécdotas surgidas alrededor de esta tarea.

Aquí sólo quiero comentarles que en el contenido de éste incluyo fragmentos de *Gabriel García Márquez*, quien es homónimo del escritor colombiano y firma como *Gabriel Gamar*.

Deseo agradecer a mis amigos y conocidos que siguieron enviando aportaciones para que las compartamos en este nuevo libro.

Y precisamente porque la colección continúa, les entrego *El Milagro de un Regalo Excepcional*.

Roger Patrón Luján

Prólogo

Llega a sus manos un nuevo libro de Roger Patrón Luján que, sin lugar a dudas, será tan bien recibido como sus libros anteriores.

Los lectores los han atesorado por encontrar en ellos lo práctico de la vida, así como un profundo contenido humano que los hacen libros indispensables en el hogar.

Quien haya leído algo de lo que Roger ha compilado, sabrá que encontrará la esencia pura, lo más limpio, lo decantado, lo que debe consumirse con cuidado, despacio, medido y saboreado, porque así es como se aprovecha al máximo.

Roger no pretende apropiarse la paternidad de los pensamientos. Me consta que ha sido exageradamente cuidadoso en cerciorarse que efectivamente se atribuya ésta al autor original.

Sin embargo ha conseguido, sin así planearlo, que se diga:

" *¡Sí hombre!*, ese pensamiento es de Patrón Luján, lo leí en su libro."

En esto estriba su mayor logro, en haber conseguido que pensamientos de talla universal, de los más diversos autores, sean leídos con entusiasmo y avidez por el público que agradece al autor con el más valioso de los testimonios: adquiriéndolos, leyéndolos, recomendándolos y obsequiándolos.

Así se hace verdad el verso "En el alma popular", de Facundo Cabral, con el que abre boca en este su tercer Regalo Excepcional.

Hasta que el pueblo las canta, las coplas, coplas no son.

Y cuando las canta el pueblo, ya nadie sabe el autor. Procura tú que tus coplas vayan al pueblo a parar, que al volcar el corazón en el alma popular...

¡Lo que se pierde de gloria, se gana de eternidad!

¡Buen provecho!

PEDRO MAUS SANTANDER

En el alma popular

Hasta que el pueblo las canta,
las coplas, coplas no son.

Y cuando las canta el pueblo,
ya nadie sabe el autor.

Procura tú que tus coplas
vayan al pueblo a parar.

Que al volcar el corazón
en el alma popular...

¡Lo que se pierde de gloria
se gana de eternidad!

FACUNDO CABRAL

LIBERTAD

Debemos educar a nuestros hijos en la libertad;
todos tenemos derecho a la libertad,
a la prosperidad, a la enseñanza.

Pero de nada te servirá la libertad sin respeto
a los demás y sin amor a la vida.

ROGER PATRÓN LUJÁN

LIBERTAD DE SER

A la edad de 42 años, Aurore Dupin, la famosa
novelista francesa del siglo XIX, quien había
adoptado el seudónimo masculino de George
Sand para cubrir el hecho de que sus novelas
eran escritas por una mujer, era un ser humano
destrozado y deprimido.

Su vida personal en ese momento se había
desmoronado y era víctima de la crítica de gente
poderosa e influyente de Francia.

Cierto día, abatida y melancólica, deambuló hacia
el bosque cercano a su residencia, donde solía
jugar de pequeña.

Se sentó ahí sobre una roca, reflexionó sobre
su pasado y meditó sobre el futuro, tratando
de analizar su situación personal. Luego de
unos momentos, llegó a una conclusión que
le permitiría continuar escribiendo y generar
cincuenta novelas más.

Su decisión fue ésta:

De aquí en adelante aceptaré lo que soy y lo que no soy.

*Con mis limitaciones y dones, continuaré aprovechando mi
vida mientras me encuentre en este mundo y aun después.*

No utilizar mi vida, tan sólo eso, ¡significa la muerte!

ANÓNIMO

MI PENSAMIENTO

Podrás encadenar mis manos y
aherrojar mis pies;
podrás incluso arrojarme a una prisión,
pero no podrás esclavizar mi pensamiento,
porque es libre.

RICARDO FLORES MAGÓN

Podrás quitarme la vida, pero no la libertad.

WILLIAM WALLACE

Por nuestras ideas hablarán los hechos.

MARCO PODESTÁ MORALI

¿Qué es ser un buen ciudadano? Es ser libre de palabra y de hecho, pero
también es saber que tu libertad está sujeta a la de otros.

ANÓNIMO

La libertad

Tal vez exteriormente sólo refleje un cuerpo con muchas carencias y limitaciones, pero interiormente soy un ser tan pleno como el mejor, con deseos de vivir, y vivir plenamente, no sólo de existir.

¡No sólo hay que decir, hay que hacer!

La libertad pura es aquella con la que vives sin darte cuenta, pero que disfrutas.

La libertad es poder hacer de tu vida un fracaso o un éxito.

No se puede ser brillante y fracasar en la familia; los hombres se ven más con el corazón que con la inteligencia.

El creer está muy devaluado, hay que ser.

No importa tu credo, debes buscar ser un humano en plenitud.

RICARDO RAÚL SCHEGA

La libertad no es cosa fácil... hay que luchar por ella.

ANÓNIMO

¡Hacer todo el bien que sea posible!
Amar la libertad por encima de todo y,
aun cuando fuera por un trono,
no traicionar nunca la verdad.

ISAAC ARRIAGA

UNA CARTA QUE RECORDAR

¿Cómo se puede comprar el cielo o el calor de la tierra?

Ésa es para nosotros una idea extravagante. Si nadie puede poseer la frescura del viento ni el fulgor del agua, ¿cómo es posible que ustedes propongan comprarlos?

Mi pueblo considera que cada elemento de este territorio es sagrado. Cada pino brillante que nace, cada grano de arena en las playas de los ríos, los arroyos, cada gota de rocío entre las sombras de los bosques, cada colina y hasta el sonido de los insectos son cosas sagradas para la mentalidad y las tradiciones de mi pueblo.

La savia circula por dentro de los árboles llevando consigo la memoria de los pieles rojas. Los cara pálidas olvidan a su nación cuando mueren y emprenden el viaje a las estrellas. No sucede igual con nuestros muertos; nunca olvidan a nuestra tierra madre. Nosotros somos parte de la tierra, y la tierra es parte de nosotros.

Las flores que perfuman el aire son nuestras hermanas. El venado, el caballo y el águila también son nuestros hermanos; los desfiladeros, los pastizales húmedos, el calor del cuerpo del caballo o del nuestro, forman un todo único. Por lo antes dicho, creo que el jefe de los cara pálidas pide demasiado al querer comprarnos nuestras tierras.

No podemos aceptar su oferta porque para nosotros esta tierra es sagrada. El agua que circula por los ríos y los arroyos de nuestro territorio no es sólo agua, es también la sangre de nuestros ancestros. Si les vendiéramos nuestra tierra tendrían que tratarla como sagrada, y esto mismo tendrían que enseñar a sus hijos.

Cada cosa que se refleja en las aguas cristalinas de los lagos habla de los sucesos pasados de nuestro pueblo.

La voz del padre de mi padre está en el murmullo de las aguas que corren. Estamos hermanados con los ríos que sacian nuestra sed.

Los ríos conducen nuestras canoas y alimentan a nuestros hijos. Si les vendiéramos nuestras tierras tendrían que tratar a los ríos con dulzura de hermanos, y enseñar esto a sus hijos.

Ustedes son extranjeros que llegan por la noche a usurpar de la tierra lo que necesitan. No tratan a la tierra como hermana sino como enemiga. Ustedes conquistan territorios y luego los abandonan, dejando ahí a sus muertos sin que les importe.

Ustedes tratan a la tierra madre y al cielo padre como si fueran simples cosas que se compran, como si fueran cuentas de collares que intercambian por objetos. Su apetito terminará devorando todo lo que hay en las tierras hasta convertirlas en desiertos. Nuestro modo de vida es muy diferente del de ustedes, nuestros ojos se llenan de vergüenza cuando visitan sus poblaciones. Tal vez esto se deba a que nosotros somos silvestres y no los entendemos.

En sus poblaciones no hay tranquilidad, ahí no puede oírse el abrir de las hojas en primavera ni el aleteo de los insectos. Eso lo descubrimos porque somos silvestres.

El ruido de sus poblaciones insulta a nuestros oídos.¿Para qué le sirve la vida al ser humano si no puede escuchar el canto solitario del pájaro, si no puede oír la algarabía de las ranas al borde de los estanques?

Nosotros tenemos preferencia por los vientos suaves que susurran sobre los estanques, por los aromas de este límpido viento, por la llovizna del medio día o por el ambiente que los pinos aromatizan.

El aire es de un valor incalculable, ya que todos los seres compartimos el mismo alimento, todos: los árboles, los animales, los hombres. Ustedes no tienen conciencia del aire que respiran, son moribundos insensibles a lo pestilente.

Si les vendiéramos nuestras tierras deberían saber que el aire tiene un inmenso valor, deben entender que el aire comparte su espíritu con la vida que sostiene. El primer soplo de vida que recibieron nuestros abuelos vino de ese aliento.

Si les vendiéramos nuestras tierras tendrían que tratarlas como sagradas, porque hasta ustedes pueden disfrutar el viento que aroma las flores de las praderas.

Si todos los animales fueran exterminados, el hombre también perecería entre una enorme soledad espiritual.

El destino de los animales es el mismo que el de los hombres. Todo se armoniza.

Ustedes deben enseñar a sus hijos que el suelo que pisan contiene las cenizas de nuestros ancestros; que la tierra se enriquece con la vida de nuestros semejantes.

La tierra debe ser respetada. Enseñen a sus hijos lo que los nuestros ya saben: lo que la tierra padezca será padecido por sus hijos. Cuando los hombres escupen al suelo se escupen a ellos mismos.

Nosotros estamos seguros de esto: la tierra no es del hombre, sino que el hombre es de la tierra.

Nosotros lo sabemos. Todo se armoniza, como la sangre que emparienta a los hombres.

El hombre no teje el destino de la vida.

El hombre es sólo una hebra en ese tejido.

Lo que haga en el tejido se lo hace a sí mismo.

Ustedes escapan a ese destino, aunque hablen con su Dios como si fuera su amigo.

A pesar de todo, tal vez los pieles rojas y los cara pálidas seamos hermanos.

Nosotros sabemos algo que ustedes tal vez algún día descubran:

¡Ustedes y nosotros veneramos al mismo Dios!

Dios es de todos los hombres y su compasión se extiende por igual.

Dios estima mucho a esta tierra y quien la dañe provocará la furia del Creador.

JEFE SEE-YAT AL

Esta carta es la respuesta que el jefe piel roja See-yat Al hizo al presidente de los Estados Unidos de América, Franklin Pierce, en 1854, ante la petición de la compra de sus tierras.

El costo de la libertad es menor que el de la opresión.

JOHN BROWN

Soltar las riendas da miedo, pero la libertad tiene ese costo.

ANÓNIMO

29

AMOR

Cada persona guarda en su corazón
un tesoro especial, el amor
que puede brindar a todos
a su alrededor...

¡no lo dejes escondido,
comparte una sonrisa al día!

ROGER PATRÓN LUJÁN

¿QUÉ ES AMAR VERDADERAMENTE A UN SER?

El matrimonio es una fidelidad tan enorme, tan pura, que nos exige ser fieles a una persona muy diferente de aquella a la que juramos fidelidad, porque no sólo se revela muy distinta, sino que incluso se nos pide que la hagamos ser diferente.

Sin duda, ninguna otra persona habría hecho brotar de su corazón un amor tan grande, pero después de crecer y de madurar así, este amor ha llegado a ser tan profundo, tan flexible, tan comprensivo, que ha pasado a ser universal.

¿Qué es amar verdaderamente a un ser?

> *Pues, es ser introducido por primera vez*
> *en la propia verdad;*
> *es ser introducido en la propia vida;*
> *es saber quién se es;*
> *es vivir una vida como jamás se ha vivido;*
> *es ser como nunca jamás se ha sido...*

Es llegar a ser uno mismo gracias a otro, hacerlo todo entre dos, referirlo todo a un "nosotros" que nos hace ser infinitamente más nosotros mismos.

¡Y que eso dure y recomience incesantemente, tras separaciones y resquemores!

LOUIS EVELY

Definición del amor

Desmayarse, atreverse, estar furioso,
áspero, tierno, liberal, esquivo,
alentado, mortal, difunto, vivo,
leal, traidor, cobarde y animoso;

no hallar fuera del bien, centro y reposo,
mostrarse alegre, triste, humilde, altivo,
enojado, valiente, fugitivo,
satisfecho, ofendido, receloso;

huir el rostro al claro desengaño,
beber veneno por licor suave,
olvidar el provecho, amar el daño,
creer que un cielo en un infierno cabe;
dar la vida y el alma a un desengaño,
esto es amor...

¡Quien lo probó, lo sabe!

FÉLIX LOPE DE VEGA

*La sabiduría divina es destino y su decreto nos hace amarnos
el uno al otro.*

JALÂL AD-DÎN AR RÛMÎ

*Cuando relampaguean mis ojos, el nubarrón oscuro de tu pecho
me responde como un trueno. Di, ¿es verdad que mis labios
son dulces como el capullo entreabierto del primer amor voluntario?*

RABINDRANATH TAGORE

Quien comprende también ama

Quien no conoce nada, no ama nada.

Quien no puede hacer nada, no comprende nada.

Quien nada comprende, nada vale.

Pero, quien comprende también ama, observa, ve...

Cuanto mayor es el conocimiento inherente a una cosa, más grande es el amor.

Paracelso

El amor es la preocupación activa por la vida
y el crecimiento de lo que amamos.

Erich Fromm

El amor no sólo debe ser una llama, sino una luz.

Henry David Thoreau

El amor es el ala que Dios le ha dado al hombre para volar hasta Él.

Miguel Ángel Buonarroti

¡*Te amo!*

En ese instante que nunca olvidaré, fuiste más
querido que un amigo, más íntimo que un hermano,
más adorable que un novio y más delicioso que un
amante... fuiste un hombre enamorado.

Era una emoción incontrolable, una pasión
desbordada, una ternura insospechable, una entrega
plena, un amor infinito, un sueño que siempre había
soñado... una realidad vivida.

El amor había florecido y no era sólo algo fugaz.

> *La afinidad espiritual no puede obstruirse.*
> *Éramos nosotros, éramos dos, fusionados en uno...*
> *éramos uno íntimamente ligados.*

A la mañana siguiente, al despedirnos en el jardín, sentí
que todos mis sentidos se cubrían con un velo de niebla,
con una lluvia tupida, con la necesidad de tu presencia...
con olores a ausencia.

Los fulgores del alba, el silbido de los árboles, el
silencio matutino, todo en torno mío carecía de sentido,
de significado.

Tu partida ensombrecía todo a mi alrededor y la belleza
se desvanecía.

Tu regreso es lo único que saturó mi pensamiento, volver a
verte y a sentirte es lo único que deseé, aguardar un nuevo
encuentro es lo único que anhelé, el sabernos unidos para
siempre es lo único que llegó a consolarme...

¡Te amo tanto que no podría amarte más!

IRENE FOHRI

YO NO TE DIGO

Yo no te digo que no haya más dolores que alegrías;

> lo que te digo es que los dolores nos hacen crecer
> de tal manera y nos dan un concepto tan alto
> del universo, que después de sufridos no los
> cambiaríamos por todas las alegrías de la tierra.

Yo no te digo que no haya hombres malos y mezquinos;

> lo que te digo es que son hombres inferiores que no
> comprenden todavía; almas subalternas a quienes
> debemos elevar, seres oscuros que no saben dónde
> está la luz y con los cuales una claridad lúcida,
> paciente, blanda, ¡todo lo puede!

Yo no te digo que la riqueza sea un mal;

> lo que te digo es que quien vive, simplemente, en
> divorcio total de las vanidades, siente que le nacen alas.

Yo no te digo que el amor no haga daño;

> *lo que te digo es que estoy resuelto a amar mientras viva,*
> *a amar siempre, siempre, siempre...*

AMADO NERVO

Donde hay fe hay amor,
donde hay amor hay paz,
donde hay paz está Dios,
y donde está Dios, no falta nada.

SAN FRANCISCO DE ASÍS

¿SABES LO QUE ES VIVIR?

¿Sabes lo que es vivir?
Vivir es entregarte a todo lo que te llama, te interesa,
te atrae. Es meterte en el torbellino, en el remolino,
en el tornado del existir y estar dispuesto a amanecer
abrazado de una vaca o de una estrella.

¿Sabes lo que es vivir?
Vivir es amar, pero no te confundas...
Amar no es que te amen sino tú amar, amar tú.

¿Sabes lo que es amar tú?
Es entregarte, es dejarte ir, es ser generoso, tierno,
corpóreo y a la vez ser aire, perfume, fragancia.

Amar es ser tú, pero a la vez estar en quien amas.
Amar es hacerte gente gracias al amor.
Amar no es jugar con la vida ni con el corazón de la
gente. La capacidad de amar corre al parejo con todas
las capacidades.

¡Quien juega con la vida no es capaz de amar!

¡Quien no puede darse sin perder su yo, es incapaz de amar!

*¡Quien no cree que al amar crece, se extiende,
florece, es incapaz de amar!*

FERNANDO MARTÍNEZ CORTÉS

*La mirada amorosa ve, en las personas y en las cosas, cualidades y
valores que permanecen ocultos a la mirada indiferente o rencorosa...
El amor es, por tanto, claridad y luz.*

JOAQUÍN XIRAU

FELICIDAD

Dar es algo que engrandece, que satisface, que pule,
que enseña... que hace vivir... con "V" mayúscula.

ROGER PATRÓN LUJÁN

Aprendí

Después de tantos años de caminar aprendí que

hay una sola religión: *el amor,*
hay un solo lenguaje: *el corazón,*
hay una sola raza: *la humanidad,*
hay un solo Dios *y está en todas partes.*

Facundo Cabral

Te amo porque eres parte de mí.

Anónimo

Aquel a quien el amor no toca, camina en la oscuridad.

Platón

El amor es, más bien, una confluencia de dos vidas que se unen con el afán de fundirse, confundirse en una sola.

Manuel García Morente

Pide lo que quieras

Si en este momento se presentase ante ti un Ser milagroso vestido de blanco, resplandeciente de luz magnífica y te dijese: "Pide lo que quieras, te será concedido", tú, sin duda, te apresurarías a pedir las cosas mejores.

Pues bien, ese Ser milagroso existe dentro de ti y tiene el poder de darte cuanto le pidas.

Sólo que, antes, debes saber qué es lo que quieres... conocimiento al parecer fácil, mas que se realiza en muy pocos hombres.

Y después de que lo sepas, debes pedir a Dios, con seguridad tal, cual si lo pidieras al hombre milagroso vestido de blanco, que sedujese tu fe con el prestigio de su presencia externa.

Piensas que eres desgraciado porque ignoras lo que puedes.

Todo es tuyo y te estás muriendo de anhelos.

Las estrellas te pertenecen y no tienes lumbre en tu hogar.

La naturaleza entera quiere entregársete como a su dueño y señor, y tú lloras desdenes de una mujer.

Pide lo que quieras, que todo te será concedido.

AMADO NERVO

El hilvanador

Un día tuve la dicha de conocerlo.

El hilvanador no cosía ropajes ni diseñaba modas.

Él era un hombre que hacía con los retazos puntadas preciosas, que luego remataba por medio de acciones recortadas siempre con la misma tijera: siempre congruentes con su sonrisa, pero más allá de apariencias y frivolidades.

Tenía un rasgo que lo convertía en un ser ¡tan especial!: confeccionaba sonrisas, las regalaba y, al rato, todo el mundo estaba feliz.

En su pecho cargaba siempre un letrero invisible, pero que todos, no sé cómo, veíamos. Decía así:

"Hilvano sonrisas en caritas tristes"

Y, en efecto, las transformaba en rostros felices.

Y aunque las cosas a veces no fueran tan bien, con optimismo y esmero, él hacía ver que había una quizá lejana, quizá tenue luz. Entonces tomaba aguja e hilo, e hilvanaba el camino que nos llevaba a ella.

¡Mágicamente contagiaba entusiasmo, alegría y amor a la vida!

Cuando se fue del pueblo hacia otras latitudes, para hacer de la risa una epidemia, nos heredó su gran sonrisa, que cosió cuidadoso en cada rostro, hilvanadita, para que día con día cada quien se ocupe, aunque sea solamente diez minutos, en mostrarla a todo el mundo.

PATRICIA SÁNCHEZ CELAYA

Felicidad

Los psicólogos nos dicen que la felicidad propia es un reflejo de la felicidad que damos a los demás.

Puede, pues, enunciarse la siguiente fórmula:

¡Más felicidad se tiene mientras más felicidad se da!

El hecho de dar nos hace sentir bien, nos da seguridad, nos hace más grandes.

Hay quienes dicen, paradójicamente, que es una forma sublimada del egoísmo.

Pero no siempre se puede dar.

A veces la vida nos coloca en situaciones en las que es preciso pedir y recibir: enfermedades, penas y quebrantos, por ejemplo.

A quienes han sido generalmente dadores se les hace muy difícil pedir y recibir.

Y es que, para pedir y recibir, hay que tener humildad.

¡La humildad es una de las virtudes más difíciles de practicar!

ALFREDO PATRÓN ARJONA

Solamente tenemos la felicidad que hemos dado.

ANÓNIMO

La alegría

Dormí y soñé que la vida era alegría.

Desperté y vi que la vida era servicio.

Serví y descubrí que en el servicio...

¡Se encuentra la alegría!

Rabindranath Tagore

Solamente tenemos la felicidad que hemos dado.

Anónimo

Lo que más contribuye a hacernos felices es dar felicidad a los otros.

A. Bottach

Sonríe y todo florecerá en tu camino.

Anónimo

Aliado de la vida

Hablo del viento que es libre, de gente que va
sin cadenas, de penas que, cuando sonríen, van
dejando de ser penas.

Hablo de conciencias claras, hablo de puertas
abiertas, hablo de palabras blancas porque conocí
las negras.

Hablo del sol que comienza a pintar los
horizontes, del hombre que hace la fiesta de
amistad entre los hombres.

Soy aliado de la vida y no quiero entretenerme
colocando más heridas en la historia de la gente.

Voy del brazo de la suerte que dibuja una sonrisa,
sospechoso de la muerte.

*¡Soy aliado de la vida, del canto que sigue yendo por esos
lugares luminosos, donde viven los auténticos amantes!*

José Luis Almada

Ninguna vida transcurre sin que contribuya al legado común.

Anónimo

EL ÉXITO NO ES LA FELICIDAD

En este siglo el éxito, erróneamente, se ha definido como más, más y mucho más cuanto antes.

Sin embargo, los verdaderos líderes son tranquilos y alegres, lo que confirma que la felicidad no es sólo alcanzar éxito, poder y dinero.

Por ello has de trabajar, no sólo en la acumulación de dinero, sino en aspectos tan trascendentes como importantes:

Conocerte a ti mismo.

Actuar con integridad.

Practicar la espiritualidad.

Fijarte metas realistas.

Vivir con optimismo, modestia, humildad y sentido del humor.

Escuchar a la gente que ya lo hizo antes.

Identificar el verdadero éxito.

Comunicarte eficazmente.

Aprender y disfrutar continuamente nuevas cosas.

Practicar la sabiduría de San Benito:

Escucha a los jóvenes monjes,
¡ellos saben lo que tú olvidaste!

Aceptemos, entonces, que el éxito en los negocios no es el triunfo de la vida, dado que nuestra meta es tener la habilidad de vivir por nosotros mismos, tener armonía y ser felices con la familia y la sociedad.

ALEJANDRO SADA OLIVARES

El que no vive para servir, no sirve para vivir.

SAN PABLO

Despierta cada mañana con mucha alegría y amor a la vida.

ANÓNIMO

No le niegues tu sonrisa a los semblantes ásperos,
¡son los más necesitados!

ANÓNIMO

CAMINO DIARIO A LA FELICIDAD

Amar...
            es el privilegio que Dios nos ha dado.

Leer...
            es la fuente de la sabiduría.

Pensar...
            es la fuente del poder.

Dar...
            es la forma de recibir.

Reír...
            es la música del alma.

Trabajar...
            es el camino al éxito.

Ahorrar...
            es el secreto de la seguridad.

Divertirse...
            es el secreto de la perpetua juventud.

Orar...
            es el poder más grande sobre la Tierra.

ANÓNIMO

ALCANZARÁS LA FELICIDAD

Seas lo que seas, sirve, ama, da; pero nunca digas
que eres más que los demás.

Si eres sabio, calla; que el mundo descubra en ti la
sabiduría.

En esa sonrisa que das a la anciana, en ese saludo
que das al amigo, en esa caricia que haces al niño:

¡Entrégate!

El mundo está cansado de oír:

"Yo soy", "Yo hago", "Yo sirvo".

Pregúntate desde ahora:

"¿Quién soy?", "¿Qué hago?", "¿A dónde voy?"

Sé tan sabio para enseñar a los demás en tu
acción más pequeña que, dando todo, parezca
que no es nada.

¡Y sólo así alcanzarás la felicidad!

ANÓNIMO

¡Nunca deja de salir el sol!

Beato, abad de Liévana, se refugió en un páramo nevado de la cordillera asturiana.

Corría el año 784 y en las montañas del norte se había frenado la invasión musulmana.

No detuvieron a las huestes del profeta las mesnadas de Cristo.

Las frenó el hielo de las cumbres: los habitantes del desierto no pudieron soportar las celliscas de aquellas altas cumbres.

Beato pensó que había llegado el fin del mundo y escribió apocalípticas notas sobre el Apocalipsis.

Pero aquel fin del mundo no llegó.

Ni siquiera había llegado el fin de España.

Duró ocho siglos la presencia de la Media Luna, mas luego se levantó el sol de Castilla y Aragón, y sus rayos cubrieron todo el mundo.

Hoy leemos con una sonrisa de piedad el Apocalipsis de Beato.

Los que temen un apocalipsis se equivocan siempre:

¡Nunca deja de salir el sol!

Armando Fuentes Aguirre

EL DON DE LA GENEROSIDAD

Y cuando damos y damos hasta sentir que ya no tenemos nada más, somos recompensados de maneras insospechadas.

Eso demuestra que nuestros recursos interiores van mucho más allá de cualquier expectativa que pudiéramos tener.

A través de esta generosidad podemos encontrar en nosotros mismos una fuente inextinguible de amor y recompensa más grande que el placer que pudiéramos derivar de los bienes materiales.

¡El don de la generosidad verdadera alivia el espíritu
y enriquece al dador mucho más que al que recibe!

JAMES E. GIBSON

Y cuando alguien manifiesta gratitud,
es que conserva la nobleza de su alma.

ALFREDO PATRÓN ARJONA

La felicidad consiste en tener buena salud y mala memoria.

INGRID BERGMAN

AMISTAD

Cada uno de mis amigos es especial, cada uno de
ellos ha compartido una parte de mi vida, cada
uno sabe cuánto lo quiero porque he aprendido a
decírselo, no con palabras sino con acciones, con
actitudes y hasta con detalles.

ROGER PATRÓN LUJÁN

Tengo un amigo fiel

Soy verdaderamente afortunado.

Tengo un amigo fiel, siempre atento a escucharme,
paciente, dispuesto a perdonar mis flaquezas, mis faltas,
a concederme una nueva oportunidad. Me enseña que a
través de Él podré alcanzar la verdad, la paz, la esperanza.

Jamás un reproche; sin embargo, la pena en mi corazón
es grande cuando le fallo, o bien, lo niego o lo olvido
un poco. Aun así, siempre me otorga otra oportunidad,
pacientemente.

Su generosidad es ilimitada, su bondad infinita, su
presencia continua. En todo momento, en el preciso
instante lo encuentro, presto a consolarme, a escuchar, a
perdonar, por muy grande que sea mi falta.

Él me ayuda a levantarme cuando tropiezo y caigo, me
alienta a seguir adelante, a no desmayar, a entregar lo
mejor de mí. El peso de mi carga comparte; lo encuentro
en mi soledad, en momentos de duda, en mi alegría, en la
enfermedad, en el trabajo.

Está presente en las grandes manifestaciones; lo veo en
un claro amanecer, en la magia del ocaso, en el esplendor
de los colores del arco iris, en la lluvia, en el silencio del
bosque. Estoy seguro de amarlo.

Sin embargo, a menudo lo traiciono, lo olvido...

En cambio Él espera paciente a perdonarme, sin reproches,
a darme otra y otra y muchas oportunidades más...

¡Estoy seguro de tener un amigo fiel, paciente, comprensivo;
sin duda alguna soy verdaderamente afortunado!

ALFONSO GONZÁLEZ GARCÍA

Amistad

Amistad es aquella...

que se forma cuando el interés no pudo medrar en la
formación del afecto;

en la que se compartieron las inquietudes del amor
y se vivieron momentos felices platicando de la
novia adorada;

con quien se pasaron alegres ratos de trova
yucateca y ron barato;

con quien se empezó a soñar de grandeza, de coches,
de fiestas, de viajes;

con quien se hicieron planes ilusionados de la vida futura,
cristalizando en matrimonio el amor emocionado;

con quien se platicaba horas y horas de todo y de nada y,
de vez en cuando, hasta se cantaba.

Amistad es aquella...

con quien se encontró compatible el sentido del humor

y la buena música;

con quien se imaginaban los fabulosos negocios

y hasta sus nombres;

con quien, sin pedir cuentas, se invitaba o se era invitado

y se formaba un invisible código moral, entendiéndose
poco a poco en las diversas actitudes de la vida...

y comprendiéndose tanto que con una mirada se criticaba,
se veía, se alababa.

Amistad es aquella...

con quien se anima o es animado a tomar la decisión de casarse y hasta lo ayuda;

con quien se comparten los temores y las alegrías de los hijos que llegan;

con quien se preocupa por el futuro del otro, lo empuja y lo alienta;

con quien recomienda y es recomendado como su propio hermano;

que fomenta el cariño de los hijos; que lleva el propósito de unir el cariño de dos familias:

las madres, los hermanos, la esposa, los hijos.

Amistad es aquella...

que consulta y es consultada, oye y es oída;

que vive alegres horas de servicio a la comunidad;

que lucha por la formación de un grupo de jóvenes con éxito presente y futuro, haciendo participar a los demás de sus éxitos;

que tiene la sensibilidad de descubrir cómo hacer, con un detalle, que el otro sea feliz;

que está pendiente de las dificultades del amigo y facilita cariñosa y calladamente su solución;

que a pesar de todo no necesita ni el regalo, ni la adulación, porque sabe que cuenta con su honesta gratitud, incondicional y verdadera.

¡Amistad, en fin, es la que desea que cuando lo temporal se acabe, persista en la eternidad el mismo afecto!

ALEJANDRO SADA OLIVARES

UNA MÁXIMA

Mencionaste que te sientes herido.

Permíteme ofrecerte una máxima que, a través de la vida, ha sido de gran utilidad para mí y quizá también lo sea para ti:

> *¡Siempre suponer que un amigo está en lo correcto hasta que uno descubre el error; en vez de suponer que él está en el error hasta que uno descubre que está en lo correcto!*

BENJAMIN FRANKLIN

Gracias por pasar algún tiempo conmigo, escuchando mis pensamientos y dándome valor y entendimiento.

MARY HATHAWAY

Las personas aprenden unas de otras, tal y como un fierro moldea a otro fierro.

SABIDURÍA POPULAR

Amistad verdadera

La amistad...

Tienes que buscarla,
pero no en tiendas.

Tienes que comprarla,
pero no con dinero.

Tienes que guardarla,
pero no en un banco.

Si la encuentras, considérate afortunado.

Y, si es una amistad verdadera, ¡nunca la dejes ir!

B. R. Kelly

Cada uno de mis amigos es especial,
cada uno de ellos ha compartido una parte de mi vida,
cada uno sabe cuánto lo quiero porque he aprendido a decírselo,
no con palabras sino con acciones y actitudes.

Roger Patrón Luján

El mejor amigo es aquel con quien te puedes sentar en el patio y
columpiarte con él, sin decir una palabra, y después irte sintiendo como
si hubiera sido la mejor conversación que jamás tuviste.

Anónimo

61

La perfección y la amistad

La ola de la amistad no se eleva alto en los arrecifes de la perfección, ya que las debilidades y las flaquezas son el alimento del amor.

Mis amigos no son perfectos —no más de lo que yo soy— y es por ello que nos acoplamos unos a otros admirablemente.

¡La perfección no es esencial para la amistad!

ALEXANDER SMITH

Un verdadero amigo es como un buen libro:
el contenido es mejor que la cubierta.

ANÓNIMO

Sé lento al escoger a un amigo y más lento al cambiarlo.

BENJAMIN FRANKLIN

Es bueno ser rico, y una buena cosa es ser fuerte,
pero es mejor ser amado por muchos amigos.

EURÍPIDES

Efectos contrarios

La comunicación del interior de un hombre con
su amigo trabaja con dos efectos contrarios: por
un lado redobla la alegría y, por el otro, reduce la
pena a la mitad.

Porque... un hombre que comparte su alegría
con un amigo se regocija más, y un hombre
que comparte su pena con un amigo, se
angustia menos.

FRANCIS BACON

Perdonando a un enemigo ganas muchos amigos.

PUBLIO SIRO

En el pensamiento se desatan los misterios, en la amistad la sonrisa.

RALPH WALDO EMERSON

Quien prueba ser honesto con un amigo, prueba serlo con muchos.

ANÓNIMO

LOS SENTIMIENTOS Y LAS OPINIONES

Los sentimientos unen a la gente, las opiniones
la separan.

Los sentimientos son simples lazos que nos reúnen;
las opiniones representan el principio de la variedad
que nos dispersa.

Si tan sólo pudiéramos darnos cuenta de esto
a tiempo y llegar a una vista general en lo que
respecta a otros en cuanto a cultivar nuestras
propias actitudes de la mente, seríamos más
conciliatorios y trataríamos de unir con el lazo de
los sentimientos lo que la opinión ha dispersado.

JOHANN WOLFGANG GOETHE

Amigo es una palabra real. Amigo es un poema por sí mismo.

POESÍA PERSA

Si no puedo decirte lo que siento, ¿para qué sirve un amigo?

WILLIAM M. THACKERAY

No hay nada más peligroso que un amigo indiscreto;
es a veces preferible un enemigo prudente.

JEAN DE LA FONTAINE

REGALA

A tu enemigo:

        el perdón.

A tu oponente:

        la tolerancia.

A tu amigo:

        el corazón.

A tus clientes:

        el servicio.

A tu prójimo:

        el amor.

A los niños:

        el buen ejemplo.

A ti mismo:

        el respeto.

A Dios:

        la vida.

ANÓNIMO

En la amistad... los pensamientos, los deseos, los anhelos nacen
y se comparten con una alegría que no necesita proclamarse.

GIBRÁN JALIL GIBRÁN

Hombre y mujer

El hombre que pueda dar alegría y fortaleza
a tu vida, es el hombre que quieres
para tu compañero de toda la vida.

La mujer que puede brindarte amor y con su luz
iluminar tu camino, dará protección al que será
tu hogar, colmándolo de amor.

ROGER PATRÓN LUJÁN

Mis vergüenzas

Tengo un lugar secreto
donde escondo mis vergüenzas
y algunos sentimientos tercos
que no uso con frecuencia.

Ahí almaceno rencores, odios,
desengaños, voy apilando temores,
como costales de grano;
también escondo tristezas, lamentos,
melancolías y mis horas de flaqueza;
mis resentimientos y ofensas
los arrincono hasta el fondo
donde nadie los encuentre.

A veces llevo aflicciones, angustias,
desilusiones, antipatías y aversiones
que me producen penas;
y cuando mi lugar secreto
se ha llenado por completo
me pongo a hacer inventario
y desecho lo que estorba,
ordeno el lugar secreto
y empiezo una cuenta nueva,
escondiendo mis vergüenzas
y mis sentimientos tercos.

GABRIEL GARMAR

Un gran hombre

No es vanidoso.

Se conoce a sí mismo tal cual es.

Habla con inteligencia, vive con sencillez.

Siempre tiene más de lo que cree que merece.

Es el futuro, no el pasado, siempre tiene tiempo.

Como no busca alabanza, no se le puede ofender.

Está siempre dispuesto a aprender, aun de los niños.

Mantiene su forma de pensar,
a pesar de la opinión pública.

Trabaja por el placer de trabajar,
no por la recompensa material.

Respeta sólo la verdad, tiene mente de hombre

y corazón de niño.

Vive cierto aislamiento, no es frío, ama, sufre,

piensa, comprende.

Es tranquilo, paciente, ni grita ni se desespera,
piensa con claridad.

Dinero o posición no significa nada,
le importa sólo el ser humano.

Aprecia la naturaleza, el cielo, el océano,
el desierto, lo que le rodea.

Anónimo

Fácil es caer en una trampa, pero difícil salir de ella.

Anónimo

ENTRE MUJERES

Las mujeres de ahora luchamos contra las mujeres de antes,
que a su vez luchaban, a su manera, contra las anteriores...

Y es que la mujer no ha encontrado su lugar.

Siendo jóvenes, experimentamos unas ganas terribles de
romper con todo lo establecido, nos damos cuenta de que
las oportunidades no son iguales, nos retratamos en nuestra
madre y nos aterra el futuro.

Después pasamos por cierta etapa de transición; es cuando
finalmente nos enamoramos y entregamos la cabeza y el
corazón a ciegas. Y es que así nos enseñaron a ser mujer.

Entonces quedamos igual.

Llega la siguiente generación a luchar nuevamente.
De pronto volteamos la cabeza y ahora es nuestra hija quien
reclama, porque su madre, la mujer, la ha hecho víctima.

Lo que hace falta es darnos cuenta de que, más que
mujeres, somos seres humanos.

Y el día que nos comportemos como seres humanos y
eduquemos a seres humanos, podremos dejar de luchar
por la igualdad, porque entre seres humanos no hay
diferencias.

MARTHA OLÁEZ

*En la voluntad del hombre hay un poder de anhelar, lo que transforma su
niebla interior en un sol.*

ANÓNIMO

LA LUZ DEL ESPOSO EN LA VIDA DE LA ESPOSA

Debes saber apreciar lo que tu esposa cocina y expresarlo a menudo con palabras.

Reserva cuando menos una noche de cada semana para "salir" con ella.

Cuando hables con otras personas, procura tener elogios para tu esposa.

Ayuda a tus hijos a hacer sus trabajos.

Dedícate en tus ratos libres a entretenimientos que puedas compartir con ella.

Si planean alguna actividad, háganlo siempre juntos, en lugar de ir cada quien por su lado.

Ten con frecuencia palabras de encomio para ella.

Compartan todos los planes, problemas, esfuerzos y éxitos en su hogar.

Recuerda los aniversarios y otros acontecimientos especiales.

Piensa en ella y en toda la familia diariamente en tus oraciones personales.

ANÓNIMO

La única forma de hacer que un hombre sea digno de confianza es confiar en él.

HENRY STIMSON

La luz de la esposa en la vida del esposo

Que sepa constantemente que estás orgullosa de él y que crees en él.

Frente a otras personas, procura siempre estar de acuerdo con tu esposo.

Sugiérele cómo vestirse en forma atractiva siempre que sea posible.

Evítale toda clase de engaños y no tengas secretos.

Muestra interés y anímalo en su trabajo.

Invita con frecuencia matrimonios amigos a tu hogar.

Siempre que le hagas alguna sugerencia que indique una crítica, menciona también cuando menos dos puntos dignos de elogio.

Ten siempre para él una sonrisa y una palabra de aliento, especialmente en tiempos difíciles.

Guarda para él todo el tiempo y tu interés, aun estando con tus hijos.

Que sepa que cada día dices una oración por él y por toda la familia.

ANÓNIMO

El hombre es un océano, la mujer es el lago.
El océano tiene la perla que adorna, el lago la poesía que deslumbra.

VICTOR HUGO

El hombre habrá descubierto el fuego

Algún día...

después de que hayamos controlado los vientos,
las olas, las mareas y la gravedad, atraparemos las
energías del amor.

Entonces, por segunda vez en la historia del
mundo, el hombre habrá descubierto el fuego.

Pierre Teilhard de Chardin

*Si las mujeres tan sólo entendiéramos que sí hay dos sexos,
el femenino y el masculino, el hombre y la mujer,
dejaríamos de pelear por lo que es bien obvio.*

Anónimo

*Aunque el hombre y la mujer son dos mitades, éstas nunca serán iguales.
Y eso es lo bueno de esta vida, la mujer será el complemento en la vida
del hombre tanto como el hombre en la vida de la mujer;
lo que nos convierte en el núcleo perfecto del universo.*

Victor Hugo

*El hombre de valor nunca se sienta a llorar lo que ha perdido, mejor
busca serenamente cómo reponerlo.*

D. A. Tilghman

CUANDO ALGUNA VEZ

Cuando alguna vez te sientas solo
y veas en derredor sólo vacío
y no puedas llorar, yo estoy contigo.

Y cuando alguna vez te sientas triste
y sientas la verdad como una herida
y que todo está muerto, yo soy la vida.

Y cuando alguna vez no sientas nada
y quieras sonreír pero no puedas
y quieras escapar, yo soy la puerta.

Y cuando alguna vez te sientas lejos
y quieras regresar y ser un niño
y volverte a encontrar, yo soy el camino.

Y cuando alguna vez te sientas hombre
y quieras entregar y poder ser
y quieras recibir, yo soy mujer.

LILIANA GYSIN

No se puede ayudar a quien no admite consejos.

ANÓNIMO

*Aquello que imaginamos vívidamente, con deseo ardiente, y lo
ejecutamos con entusiasmo, inevitablemente se realiza.*

COLIN SISSON

PADRES E HIJOS

Guía a tus hijos con amor
para que nunca pierdan el entusiasmo.

ROGER PATRÓN LUJÁN

Un niño especial

Un encuentro tuvo lugar lejos de la Tierra:

"¡Es tiempo de otro nacimiento!", dijeron los
ángeles de Dios.

Este niño especial necesitará mucho amor, sus
progresos quizá sean lentos y él requerirá cuidado
extra de la gente que encuentre ahí abajo.

Él quizá no corra, no ría, no juegue; sus
pensamientos tal vez parezcan muy lejos de ahí.

En muchos caminos él no se adaptará y conocerá
sus limitaciones, hay que ser muy cuidadosos
donde él sea enviado.

Nosotros queremos que su vida sea feliz. Por
ello, Dios ha encontrado los padres que harán un
trabajo especial para él.

Ellos no se darán cuenta en seguida; no
comprenderán el papel que deberán desempeñar,
pero con este niño especial les llegará la fe duradera
y el amor y, cuando ellos conozcan el privilegio que
han tenido por haberles dado la custodia de un niño
especial, su cara será dulce y benigna.

ANÓNIMO

Papá, ¿cuánto ganas?

—Papá, ¿cuánto ganas por hora? —con voz tímida y ojos de admiración, un pequeño recibía así a su padre al término de su trabajo.

El padre dirigió un gesto severo al niño y repuso:

—Mira hijo, esos informes ni tu madre los conoce. No me molestes, que estoy cansado.

—Pero, papá —insistía— dime por favor, ¿cuánto ganas por hora?—. La reacción del padre fue menos severa. Sólo contestó:

—200 pesos la hora.

—Papá, ¿me podrías prestar cien pesos? —preguntó el pequeño. El padre, lleno de cólera y tratando con brusquedad al niño, dijo:

—Así que ésa era la razón de saber lo que gano. Vete a dormir y no me molestes, muchacho aprovechado.

Había caído la noche.

El padre meditó sobre lo sucedido y se sintió culpable. Tal vez su hijo quería comprar algo.

Para descargar su conciencia dolida, se asomó al cuarto de su hijo.

Con voz baja, preguntó al pequeño:

—¿Duermes, hijo?

—Dime, papá —respondió entre sueños.

—Aquí tienes el dinero que me pediste —respondió el padre.

—Gracias, papá —contestó el pequeño. Y metiendo su mano bajo la almohada, sacó unos billetes.

—¡Ahora ya completé, papá! Tengo 200 pesos. *¿Podrías venderme una hora de tu tiempo?*

ANÓNIMO

La madre de familia
tiene hijos, los amamanta.

Su corazón es bueno,
vigilante, diligente,
cava la tierra,
tiene ánimo.

Con sus manos
y su corazón se afana,
educa a sus hijos,
se ocupa de todos,
a todos atiende.

POEMA NÁHUATL

Papá

Entre más humano te veo, papá, ¡más te quiero!
me gusta que tu risa me acompañe cuando río,
me gusta ver que tú corres cuando corro,
me gusta saber que tú eres mío
porque así yo no sufro cuando lloro.

Me gusta oír tu risa cuando ríes,
porque eso me da mucha confianza;
saber que tú eres tan humano como yo,
eso para mí sí es de importancia.

Sentirte como yo, de carne y hueso,
saber que eres capaz de levantarte,
eso para mí sí es de importancia.

Quisiera verte como padre y amigo
para ponerme a platicar contigo.

He logrado saber de tus desvelos
y te he visto pensando en mi futuro,
ahora sé que de tanto que me quieres
tú sufres más que yo cuando eres duro.

Papá... linda palabra
me enseñaste a decir cuando era niño
y hoy me gusta decirla con cariño.

ANÓNIMO

La soledad casi nunca es falta de compañía;
es casi siempre sobra de egoísmo.

JOSÉ L. MARTÍN DESCALZO

Hijo Mío

Hijo mío, que tu vida esté plena de...

  entusiasmo,
      para ver hacia adelante;

  felicidad,
      para mantenerte dulce;

  problemas,
      para mantenerte fuerte;

  penas,
      para mantenerte humano;

  esperanza,
      para mantenerte feliz;

  fracasos,
      para mantenerte humilde;

  éxitos,
      para mantenerte anhelante;

  amigos,
      que te den bienestar;

  riqueza,
      para satisfacer tus necesidades;

   fe,
      para desterrar la depresión;

  amor,
      hacia tus padres y hermanos;

  y decisión,
      para hacer que cada día
      sea mejor que el anterior.

ANÓNIMO

La familia

La familia tiene derecho a:

Existir y progresar como familia, es decir, el derecho de todo hombre.

Ejercer su responsabilidad en el campo de la transmisión de la vida.

La intimidad de la vida conyugal y familiar.

La estabilidad del vínculo y de la institución matrimonial.

Creer y profesar su propia fe y difundirla.

Educar a sus hijos con los instrumentos, medios e instituciones necesarios.

Obtener la seguridad física, social, política y económica.

Una vivienda adecuada, para una vida familiar digna.

Crear asociaciones con otras familias e instituciones para cumplir su misión.

Proteger a los menores contra medicamentos perjudiciales, pornografía, alcoholismo, etcétera.

Un tiempo libre que favorezca, a la vez, los valores de la familia.

Que los ancianos tengan una vida y una muerte dignas.

Emigrar, como familia, para buscar mejores condiciones de vida.

JUAN PABLO II

LO QUE EL NIÑO NECESITA

Aceptación:
Formar parte de la familia sin sentirse incómodo en ella.

Desarrollo:
Crecer y desarrollarse con armonía física,
mental y emocional.

Seguridad:
Espera que su hogar sea un refugio, que sus padres
velen por él, que tenga el respaldo de la familia.

Protección:
Confía en la defensa del hogar, porque sus padres
lo amparan en todo momento.

Independencia:
Para crecer, para tomar sus propias decisiones.

Confianza:
En su familia y en el mundo que lo rodea.

Consejos:
Orientación para saber cómo comportarse con los
demás.

Control:
Saber que hay límites y hasta dónde puede llegar.

Ser escuchado:
Para intercambiar impresiones en un diálogo ameno.

Amor:
El amor es la mejor herencia que un niño puede recibir.

*¡Si estas necesidades básicas se cumplen,
el niño será un futuro triunfador!*

RAFAEL ESCANDÓN

¡En vida!

Su sonrisa no se desvaneció jamás; incluso pude verla en su último suspiro.

La traía impresa en esas hendiduras que recorrían cada comisura de sus labios. Hasta su frente, bañada de recuerdos, reflejaba también su enorme amor a la vida: cada surco le había enseñado mucho.

Pablo salió del cuarto de su madre diciendo, con sollozos, esas palabras. Nadie lo oyó, porque él y su madre estaban solos. Sus tres hermanos se hallaban, como siempre, sumergidos en sus ocupaciones.

Desde hacía mucho tiempo, y hasta hoy, había sido imposible ocuparse de aquella viejita de cabeza blanca y rostro complaciente que, cuando se le requería, se sabía que ahí estaba, dispuesta y disponible por si acaso algún día llamaran por teléfono.

Mas, por supuesto, eso no sucedió; fue Pablo quien tomó la bocina e informó a sus hermanos que su madre había fallecido.

Ellos, entonces, sintieron un enorme vacío, indescriptible: sabían que esa mujer había sido el comienzo, el puntal, el ejemplo, el camino; aquello no podía ser posible, pues ella era su madre ¡y no podía darse el lujo de desaparecer!

Pero lo hizo.

Cuando se fue, lloraron en su tumba, amargamente, los hijos que deseaban nuevamente tenerla para demostrarle, ahora sí, su cariño.

Pablo se había preocupado por acompañar, en vida, a su querida viejita, unos minutos cada día.

Quizá era por ello que Pablo reflejaba en su rostro una gran paz; tanta, que sus hermanos no podían comprenderlo:

—¡No la querías! —le reprocharon.

Él nunca les contestó; traía en su mente un solo pensamiento que lo tenía ocupado:

"Yo pude estar con ella en su último suspiro".

Sabía que, a diferencia de ellos, había tenido la dicha de darle en vida lo que ellos le ofrecían ahora que había muerto.

Sabía, además, que ella, en el último aliento, le regaló su fortaleza y su amor a la vida... y, sobre todo, su hermosa, de verdad, muy hermosa sonrisa.

PATRICIA SÁNCHEZ CELAYA

Somos un gran equipo porque tomadas de la mano logramos saltar obstáculos muy grandes, porque atravesamos caminos escabrosos que parecían imposibles al andar, porque con tus enseñanzas me ayudaste a fortalecer mi espíritu.

Porque contigo aprendí a dejar de lado las tristezas y salir a disfrutar de una flor, de un árbol, porque me brindas alegría día con día.

¡Gracias, madre! ¡Gracias, mamá!

SYLVIA H. GALLEGOS

Pequeños hijos del mundo

Si en ocasiones descubren que no está el cuerpo de sus padres durmiendo junto a ustedes y sienten miedo, frío o deseos de llorar, no teman, su corazón está ahí.

El cuerpo es tan sólo un recipiente que Dios, la fuerza que nos ha creado, nos presta para depositar nuestro corazón.

Los padres lo han partido en pedacitos para sembrarlos en cada uno de ustedes, abonando esa tierra limpia que es su alma.

Esa alma que también fue creada por Dios y donde verán crecer cosas bellas y maravillosas.

Ahí dentro de ustedes también encontrarán a mamá y papá, quienes jamás se irán.

Y cuando crezcan y sean más grandes y más fuertes, caminarán solos sin que nadie los pueda dañar, porque estarán seguros de sentir el grandísimo amor de sus padres, que cada uno guarda dentro de su alma.

De nada serviría que sólo tuvieran la presencia física de papá y mamá, porque cuando crezcan y no los puedan abrazar, el primer huracán los tirará.

Sin embargo, si con fuerza se abrazan internamente, podrán jugar siempre con el viento y, cuando se haya ido la tormenta, se levantarán erguidos y más fuertes y sabrán con cuánto amor los aman sus padres.

Porque los padres no son lo que pueden ver, ni lo que pueden tener, ni lo que pueden darles, ni lo que pueden hacer por ustedes.

Los padres son el calor que hay en sus brazos cuando los abrazan, la ternura con la que acarician su pelo, la fuerza que siembran en su alma y el valor que les dan al sentir miedo con la fe en el espíritu que Dios les puso dentro.

Si alguna vez, mis pequeños, vuelven a sentir miedo, frío o soledad y en la oscuridad buscan a papá y mamá y ellos no están: cierren los ojos, respiren profundo, piensen en Dios y en sus padres, recordando la última vez que los besaron, y sentirán todo ese amor que hay en su corazón.

Y así verán que nunca, nunca más, volverán a sentir que están solos.

MARÍA EUGENIA CISNEROS

Hay una mujer que, mientras vive,
pocas veces la sabemos apreciar;
pero después de muerta,
daríamos todo lo que tenemos
por mirarla de nuevo un solo instante,
por recibir de ella un solo abrazo:
ella es nuestra madre.

ANÓNIMO

Sorpresas escondidas

Me preguntan si creo que el "sexo informal" es malo.

Dado que no creo que haya una moralidad para la mujer y otra para el hombre, les contesto a ambos:

No creo que exista el "sexo informal".

Para mí, esas palabras no pueden usarse juntas; es como hablar de un diamante barato o de una película aburrida de Charles Chaplin.

Para mí, fusionarse es dar a alguien el regalo más grande que se tiene y que, en cierto sentido, jamás puede ser recuperado.

Como es nuestro propio cuerpo el que damos, es el regalo en el que tenemos control, algo que es realmente nuestro.

No puedo imaginar cómo a este regalo se le podría llamar "informal".

Recibir un regalo de este tipo tampoco puede ser informal.

Cuando nos damos tan plenamente estamos diciendo quiénes somos y deberíamos estar diciendo lo que pensamos y sentimos de la persona a quien nos damos.

En mi adolescencia, escuchaba a muchachos presumir acerca de sus logros sexuales.

En una sociedad que tendía a premiar las habilidades escolares y deportivas, y en donde ellos no sobresalían, su sexualidad los hacía sentirse superiores.

Era la forma de ser alguien.
Después vi que mucho eran sólo palabras.

La sexualidad es un poder y con ello va mucha
responsabilidad. Tener relaciones sexuales no
puede compararse con las cosas informales
que hacemos, sino con el regalo más preciado
que podamos soñar para dar a la persona que
más amamos.

En la poca asesoría que he dado en mi
vida, he conocido a tantas personas jóvenes
verdaderamente maravillosas que desearían
—demasiado tarde— haber tenido el valor para
decir ¡no! la primera vez...

Recuerden que hay millones de aspectos de
la personalidad y de la vida de cada uno ¡con
muchas sorpresas escondidas! para explorarse, sin
involucrarse en el fuerte compromiso del sexo.

REMBERT G. WEAKLAND

Tener hijos no lo convierte a uno en padre,
del mismo modo que tener un piano no lo vuelve pianista.

MICHAEL LEVID

PAPÁ SE HA IDO

Querido hijo:

Yo también, como tú, un día me hinqué a
suplicarle al Todopoderoso que salvara a mi papá.

Nunca tuve palabras para explicarte aquello
porque ni yo misma lo entendía; no entraba en el
entendimiento de tu incipiente juventud ni en mi
madurez de madre.

¿Qué había pasado...?

El estupor, la sorpresa, el dolor, el vacío,
de repente para quienes lo amábamos.

El mundo se detuvo, todo se volvió gris,
inconsistente, nada valía la pena, tu papá se
había ido.

Sucedió lo que nadie imaginaba; moría sin que la
ciencia hubiese podido hacer algo.

Y yo no te pude explicar nada.

Tu escuela perdida, tu mente distraída, tu interés
muy pobre, eras como una frágil barca en medio
de un océano; el vacío y la tristeza habían hecho
presa de nuestros corazones.

Cuando él se fue, yo le prometí que sacaría
adelante a mis tres tesoros, lo más grande y lo
más bueno de nuestro matrimonio.

Hoy, años después, nuestra herida es diferente.

Ahora somos más fuertes, su recuerdo es más amable, ya nos atrevemos a recordarlo en voz alta; no mucho, todavía, pero ya nos atrevemos a hacerlo.

Los caminos de Dios nunca son como nosotros queremos, siempre son como deben ser.

Por ello, ten presente a Dios en tu cotidiano andar y estoy segura de que, no importa el tiempo que pase, algún día lo entenderemos.

Mary Carmen Cantú de Murrieta

Si quieres malograr a tu hijo,
dale siempre la razón contra el maestro,
los vecinos, los mayores o los compañeros.

Lo harás soberbio e injusto y,
cuando falte el respeto a alguien,
sonríele y perderá la noción
de la consideración a sí mismo...

Anónimo

DIOS Y LAS MADRES

Muchas mujeres se convierten en madres por accidente, otras por elección, unas cuantas por presiones sociales y un par, a lo sumo, por hábito.

Este año, cerca de cien mil mujeres se convertirán en madres de niños impedidos.

¿Te has preguntado alguna vez por qué las madres de los niños impedidos son escogidas?

De cierta manera, veo a Dios rondando sobre la Tierra, seleccionando sus instrumentos para la propagación, con gran esmero y deliberación.

Mientras Él atisba, instruye a sus ángeles a que tomen nota en un gigantesco libro mayor:

—Dale a Beth Armstrong un hijo, y de patrono a Mateo. A Marjorie Forrest una hija, y de santa patrona a Cecilia.

A Rudgle Carrie unas gemelas, y de santo patrono... dales a Gerardo. Él acostumbra protegerlas.

Finalmente Él le pasa un nombre al ángel y con una sonrisa le dice:

—*Dale a ella un niño impedido.*

El ángel se muestra curioso y pregunta:

—¿Por qué, Dios? Ella era tan feliz.

—Exactamente —sonríe Dios—. ¿Podría yo dar un niño impedido a una madre que no sabe reír?

—Pero ella, ¿tendrá sufrimiento? —preguntó el ángel.

Dios le respondió:

> "Yo no deseo que ella sufra mucho ni que
> se hunda en un océano de desesperación y
> compasión por sí misma.
>
> Una vez que la sacudida y el resentimiento
> pasen, lo aceptará y sabrá manejar la situación.
>
> Yo la observé hoy.
>
> Tiene un sentimiento de provecho e
> independencia que es muy raro, pero necesario
> en una madre.
>
> El niño que voy a darle tiene su propio mundo
> y ella tiene que hacer que él viva en el mundo
> de ella, y eso no va a ser fácil. "

—Pero Dios —siguió el ángel—, pienso que ella no
seguirá pensando en Ti.

Dios sonrió y le dijo:

—No importa, yo puedo arreglar eso. Este caso
es perfecto, pues ella tiene justamente bastante
amor propio.

El ángel se asombró:

—Amor propio. Pero, ¿es ésa una virtud?

Dios asintió con la cabeza y contestó:

—Si ella no puede separarse por sí misma del niño,
menos que perfecto.

Dios continuó:

"Ella no lo sabe aún, pero será envidiada.

Nunca tomará como un hecho una palabra dicha.
Nunca considerará un paso mal dado.

Cuando su hijo le diga "¡Mamá!" por primera vez,
verá un milagro y estará presente en él cuando le
describa un árbol o una puesta de sol; verá como
pocas personas han visto mis creaciones."

Y concluyó:

"Voy a permitirle ver claramente las cosas que
yo veo... ignorancia, crueldad, prejuicios.

Nunca estará sola, voy a estar a su lado cada
minuto del día de su vida, porque ella va a
hacer mi trabajo, tan segura como que estará
aquí a mi lado."

—¿Y quién será su santo patrono? —preguntó el ángel.

Dios sonrió:

— *Un espejo será suficiente...*

ANÓNIMO

Hay una mujer

Hay una mujer que, siendo joven, tiene la reflexión de una anciana y en la vejez trabaja con el vigor de la juventud.

Una mujer que, si es ignorante, descubre los secretos de la vida con más acierto que un sabio, y si es instruida, se acomoda a la sencillez de los niños.

Es quien siendo pobre se satisface con la felicidad de los que ama y, siendo rica, daría con gusto sus tesoros para no sufrir en su corazón la herida de la ingratitud.

Esa mujer que, mientras vive, pocas veces sabemos apreciar porque a su lado todos los dolores se olvidan.

Sin embargo, después de muerta, daríamos todo lo que somos y todo lo que tenemos por mirarla de nuevo un solo instante, por recibir un solo abrazo, por escuchar una sola palabra... de los labios de nuestra madre.

JOSÉ GONZÁLEZ

Hija mía, camina siempre con la cabeza en alto.

ANÓNIMO

Todo es perecedero en el mundo; el poder y la persona misma desaparecerán, pero la virtud de un gran padre vivirá para siempre.

RANA SINGH

Educación y vida

El aprendizaje que día a día adquieres
es un gran tesoro; compártelo con tus hijos
desde pequeños, enriquecerá sus vidas
por siempre.

ROGER PATRÓN LUJÁN

Nuestros errores

Esperar que nuestro punto de vista,
bueno o malo, sea aceptado.

Querer que los jóvenes
tengan juicio y experiencia.

No ceder en casos sin importancia.

Creer que todas nuestras acciones
son perfectas.

Apurarnos por lo que no tiene remedio.

No remediar todo aquello
que podemos remediar.

No tener tolerancia
para las debilidades de los demás.

Considerar imposible todo aquello
que nosotros no podemos realizar.

Dar al día, al momento, al instante
que vivimos la importancia de una eternidad.

Apreciar a las personas
por su apariencia exterior
sin considerar las cualidades interiores.

Anónimo

Comienzas la vida en tiempos difíciles.

Hay en la historia marcas ascendentes que llevan hacia el éxito hasta en los más débiles nadadores. Tu generación nada contra corriente en un mar tempestuoso. Es duro. En poco tiempo te sentirás sofocado, desesperado por alcanzar la orilla.

¡Tranquilízate!

Antes de ti ha habido quienes han encontrado olas tan altas y no han sido sumergidos. Con destreza y coraje podrás sostenerte hasta la próxima bonanza.

Una vez vencedor, no olvides que las victorias humanas no son nunca más que parciales y temporales. Nada en los negocios de este mundo puede quedar resuelto para siempre. No hay ningún triunfo que determine el lejano porvenir. Ningún tratado fija para mucho tiempo las relaciones entre las naciones o sus fronteras.

Ninguna revolución establece una sociedad eternamente dichosa. Guarda de esperar que un hombre, o una generación, tenga derecho, una vez cumplida su tarea, a perezosas beatitudes. La etapa de la vida no se termina más que cuando la noche cae.

No creas que la naturaleza humana pueda ser súbitamente transformada porque una doctrina, una clase o una raza haya triunfado sobre las otras. El hombre es un bruto que fue erguido lentamente por los filósofos y los sacerdotes, domado por las ceremonias y los ritos. Arrojarlo al salvajismo sería renegar de las creencias y hábitos, cuyas virtudes el tiempo ha probado.

Los únicos progresos verdaderos son los de las costumbres. Ellos no son durables más que si son lentos.

No tengas prisa. Fortunas y renombres que arrancan de un instante, en un instante mueren. Yo te deseo obstáculos, luchas.

La batalla te endurecerá. Hacia los cincuenta o sesenta años adquirirás ese aspecto vigoroso y rudo de las viejas rocas batidas por las tempestades.

Toma el amor en serio... Sé modesto y atrevido. Amar, pensar, trabajar, mandar todas estas acciones es difícil y, en el curso de tu existencia terrestre, no llegarás a hacer ninguna de ellas de modo tan perfecto como tu adolescencia lo ha soñado.

Pero, por arduas que puedan parecer, no son, sin embargo, imposibles. Antes de ti, innumerables generaciones de hombres las han llevado a cabo y, mal o bien, esos hombres han atravesado, entre desiertos de sombra, la estrecha zona de luz de la vida.

ANDRÉ MAUROIS

Aprender es un tesoro que acompaña a su dueño por doquier.

SABIDURÍA POPULAR

Debemos ver a los jóvenes no como botellas vacías que hay que llenar, sino como velas que hay que encender.

ROBERTO CHAFAR

JUVENTUD INTRÉPIDA

¡Qué hermoso espectáculo, un joven entusiasmado!

Ese joven no se detendrá en lo pequeño, apenas si verá lo malo, nunca caerá abatido por las dificultades, tendrá su mirada llena de felicidad y su corazón repleto de alegría y, rodeado por esa multitud que choca, se distrae y codea en pobres distracciones momentáneas, dará siempre la impresión de que ha venido para algo y anda buscando algo.

La juventud es algo más que ese periodo, tan breve como intenso, que media entre la niñez y la edad viril; es un estado del espíritu que algunos no conocerán nunca y que otros podrán conservar hasta los postreros límites de la vida.

CASAL CASTEL

No existe gran talento sin gran voluntad.

HONORÉ DE BALZAC

Lo importante es estar dispuesto en cualquier momento a dejar de ser lo que se es para ser algo mejor.

ANÓNIMO

RESÍSTETE

No te arrojes a la mujer
como el perro se arroja a lo que le dan de comer.

No te hagas, a manera de perro,
en comer y tragar lo que te dan,
dándote a las mujeres antes de tiempo.

Aunque tengas apetito de mujer,
resístete, resiste a tu corazón
hasta que ya seas hombre perfecto y recio.

Mira que al maguey, si lo abren de pequeño
para quitarle la miel,
ni tiene sustancia,
ni da miel, sino piérdese.

POEMA NÁHUATL

Abre tus brazos al cambio, pero no te desprendas de tus valores.

ANÓNIMO

Nadie puede hacerte sentir inferior sin tu consentimiento.

ELEANOR ROOSEVELT

Los problemas son sólo oportunidades con espinas.

HUGH MILLER

Un libro

"Cuando no se mira el sol, hay que gozar las estrellas."

Así contestaba el carretero cuando, en su caminar, las personas le preguntaban por qué siempre había "algo" en su cara.

Así andaba por el polvoso camino de la vida; a su lado, un libro de opacas hojas, carcomido por el tiempo y amarillo por el sol.

Cuando el viento sopla fuerte, lo abraza firme contra su pecho para protegerlo; cuando las nubes son negras y amenazan tormenta, lo cubre con sus pobres vestidos. Parece que el viejo y el libro fueran uno solo. Ambos de una misma piel, cansados y agotados; pero él con un brillo de esperanza y, el libro, con una luz de verdad.

Una tarde, cuando el sol ya se ocultaba y el viejo no podía seguir su camino, encontró a un hombre, uno de tantos en su largo andar. Éste le preguntó:

—¿Quién eres?

—Un viejo que viene buscando dónde dejar un tesoro.

—¿Un tesoro? —los ojos del hombre brillaron de codicia, como tantos otros lo habían hecho—. ¿Qué tesoro es?

—Un libro —respondió el viejo.

—Caro ha de ser para que lo consideres un tesoro...

—Tan caro es —contestó— que nadie en todo mi andar ha sido capaz de abarcar dicho tesoro.

—Muéstramelo, quizá yo pueda comprártelo.

—No lo vendo, lo regalo, pero velo y tú decides.

El hombre tomó el libro con mucho cuidado, pues parecía tan viejo como el mismo hombre. Limpió el polvo de la pasta de cuero y lo abrió minuciosamente. De repente cerró el libro y se marchó, dejando al viejo nuevamente solo con su tesoro.

Hoy su andar sigue sonando por las grandes carreteras, por las estrechas brechas, por las calles oscuras de un pueblo, por las calles luminosas de un barrio residencial, por las callejuelas tristes de una barriada.

El autor de dicho libro escribió en la primera hoja:

Escrito con sangre propia

Si tienes fe,
si tú en Dios crees,
si eres todo un hombre,
si quieres conocer nuestro mundo,
si no tienes miedo a la vida,
si amas de verdad...

¡Ábreme!

Si no, déjame morir sin ser abierto.

ANÓNIMO

Lo que elegimos es siempre el bien y nada puede ser bueno
para nosotros sin serlo para todos.

JEAN PAUL SARTRE

DESDE HOY ME PROMETO

Desde hoy me prometo:

Adoptar una disciplina basada en principios sanos y sujetarme a ellos por propia voluntad.

Evitar dudas y preguntar, si es necesario.

Estudiar y leer todo aquello que pueda hacerme valer cada día más.

Tolerar una represión justa y no tratar de justificarme al cometer un error.

No dar por terminada tarea o trabajo alguno sin tener la certeza de que está correcto.

Hacer siempre en mi trabajo lo mejor.

Siempre buscar el modo de hacer hoy lo de hoy, y hacerlo mejor.

Ser amable, alegre y cordial en todo momento.

Tener los mejores hábitos de limpieza personal y vestirme en forma apropiada.

Ahorrar una parte de mi sueldo cada mes.

Agradecer al Creador por lo que me concede diariamente, aun sin pedirlo.

ANÓNIMO

No cuando es ¡no!

Joven, el programa de tu vida debe incluir un ¡no!
cuando es ¡no!

¡No al egoísmo!

¡No a la injusticia!

¡No al placer sin moral!

¡No a la desesperanza!

¡No al odio y a la violencia!

¡No a los caminos sin Dios!

¡No a la mediocridad!

¡No a la irresponsabilidad!

JUAN PABLO II

Tres cosas que cultivar: la libertad, la razón y la verdad.

ANÓNIMO

La confianza es la mitad del triunfo.

NAPOLEÓN

VIGILA

Vigila tus pensamientos, se convierten en palabras.

Vigila tus palabras, se convierten en acciones.

Vigila tus acciones, se convierten en hábitos.

Vigila tus hábitos, se convierten en carácter.

Vigila tu carácter, se convierte en tu destino.

FRANK OUTLAW

En lucha constante se encuentran el bien y el mal, y cada cual por su lado busca ser el primero. El cielo no resulta, pues, culpable de tu fortuna o de tu dicha: para eso tienes el libre albedrío.

SANTOS VERGARA BADILLO

Hay necios que se admiran y se quejan de que otros hagan las necedades que ellos hacen.

RAFAEL GONZÁLEZ

COMODIDAD

Charlaba el padre Soárez con el Cristo de su iglesia.

—Señor —le preguntó—. ¿Qué nos recomiendas para merecer tu bondad infinita?

Respondió el Cristo:

—Comodidad.

—No entiendo —se desconcertó el padre Soárez.

—Sí —insistió el Señor—. Comodidad.

Siguió sin comprender el padre Soárez.

—¿Comodidad? —dijo confuso—. ¿Eso nos recomiendas para retribuir tus bendiciones?¿Comodidad?

—Sí —sonrió el Cristo—. Comodidad. Como di, dad. Dad como os di. Igual que Yo os he dado, dad vosotros a los que necesitan.

El padre Soárez entendió por fin, y supo que el mundo sería un mejor sitio si todos aplicáramos esa regla de *"comodidad"*.

ARMANDO FUENTES AGUIRRE

El futuro pertenece a quienes creen en la belleza de sus sueños.

ELEANOR ROOSEVELT

Para educar a un niño

Ten una idea clara de cómo deseas para ti a tu niño,
   sin deseos, no puedes educar.

Aprende a ver al niño como él es,
   el amor a la realidad es el principio de toda educación.

El sexo del niño es una realidad,
   acepta esa realidad de todo corazón.

Tu niño es un ser independiente,
   no el producto de sus padres.

No eches a perder a tu niño
   con una necia admiración.

Si tu niño no es brillante en la escuela,
   debes saber que hay algo mejor que la inteligencia.

No compares a tu niño con otros
   que según se dice son mejores, más bonitos o más listos.

Cuando tu niño refleje, como un espejo, tus debilidades
y faltas,¡no rompas el espejo!

Los niños son huéspedes, no te pertenecen.
   ¡Después de a Dios, se pertenecen a sí mismos!

Anónimo

*El muchacho que llega a triunfar no queda satisfecho únicamente
con las cosas bien hechas, sino que procura algo mejor.*

Anónimo

DE NIÑO A HOMBRE

El bien o el mal del hombre maduro tiene una relación
muy estrecha con la vida infantil que lo formó.

Sobre el niño recaerán todos nuestros errores y él
recogerá los frutos.

Moriremos, pero nuestros hijos sufrirán las
consecuencias del mal que habrá deformado su
alma para siempre.

El ciclo es continuo y no puede interrumpirse.

Tocar al niño es tocar el punto más sensible de un todo
que tiene sus raíces en el pasado más remoto y se dirige
hacia el infinito del porvenir.

Tocar al niño es tocar el punto más delicado y
vital donde todo puede decidirse y renovarse,
donde todo está lleno de vida, donde se hallan
encerrados los secretos del alma, porque allí se
elabora la educación del hombre.

MARÍA MONTESSORI

*Anima a los viejos, tenles paciencia y subraya todo lo positivo que
encuentres en ellos.*

JOSÉ LUIS MARTÍN D.

TRES ASPECTOS QUE CULTIVAR

Me preguntaron si las drogas habían sido un problema en mis días y lo que pienso al respecto.

Mencionaron que algunos de sus amigos les dicen que las drogas les dan un inmenso sentimiento de bienestar y que no dañan a nadie; de hecho, que éstas animan el espíritu.

No había un problema verdadero de drogas en mi juventud.

El alcohol era un problema menor, pero no las drogas.

No voy a sermonearlos acerca del daño de las drogas y lo que sucede con cada tipo de adicción.

Ya saben que perdemos nuestra libertad y llegamos a ser sus víctimas.

Preferiría hablar de lo que conduce hacia las drogas, ese sentido de vacío, esa necesidad de tener experiencias más profundas y emocionantes; aun si están fuera de control y resultan muy peligrosas.

Hay, y siempre ha habido, un deseo en la persona por algo más allá de lo meramente "humano", un deseo de lograr lo que los filósofos llaman "trascender" ir más allá de uno mismo.

Me gustaría sugerirles tres aspectos positivos que en su vida deben cultivar desde el comienzo de la adultez, que les evitarán caer en las drogas:

Interesarse en los deportes para integrar lo físico en el todo.

Apreciar y valorar el buen arte, la buena música, la buena arquitectura y, especialmente, la buena literatura.

Tener una estrecha relación con Dios.

Todos podemos imaginar la emoción que éstos nos brindarían.

REMBERT G. WEAKLAND

Estaba en un pantano un gran sapo,
croando y deleitándose con la luna,
cuando de pronto apareció una hermosa luciérnaga
alumbrando todo cuanto a su paso se encontraba.

De inmediato la ve el sapo y,
en un rápido movimiento, la aplasta.

La luciérnaga pregunta: "¿Por qué me atacas?",
a lo que el sapo responde: "Porque brillas".

ANÓNIMO

TRABAJO

Si haces tan sólo un esfuerzo más para entregar un mejor trabajo, encontrarás no sólo más satisfacción en el mismo sino la recompensa de ser uno de los primeros en la lista para el ascenso.

ROGER PATRÓN LUJÁN

¿QUÉ ES UN EMPLEO?

A todas horas, todos los días, mucha gente menciona
esta palabra: empleo.

Suele pronunciarse con fastidio, con desprecio, cuando
es, nada menos, una palabra llena de vida y de cuyo
cumplimiento perfecto depende el presente y el porvenir
de los hombres y las naciones.

Así que la próxima vez que menciones la palabra
empleo recuerda que es:

El único modo honesto de vivir para cualquiera,
por toda la vida.

La única forma de prosperar.

Una forma de obtener satisfacción al cumplir con
una obligación.

Una manera de sostener el hogar y a sí mismo.

Una manera de mantener el pensamiento
ocupado en algo constructivo.

La única satisfacción de la propia vida ante sí mismo,
ante la sociedad, ante el país, ante la humanidad.

LA RAGA

EL TRABAJO

Hay perenne nobleza en el trabajo...

Por densas que sean las tinieblas
en que el hombre esté sumido,
por olvidado que esté de su elevada misión,
si se pone a trabajar con ardor,
hay que tener esperanza en él,
sólo ante la pereza se debe desesperar.

El trabajo, por vil que sea,
se comunica con la Naturaleza.

El deseo sincero en un hombre de ejecutar algún trabajo
lo llevará cada vez más cerca de la verdad,
de los decretos y reglamentos de la Naturaleza.

Conoce tu trabajo y ejecútalo.

C. H. CARLYLE

Examina cuidadosamente cada detalle de tu negocio.

MAYER ANSELM ROTHSCHILD

Quien pierde su tiempo pierde la vida.
¡Las horas vacías no vuelven jamás!

JOSÉ LUIS ALMADA

Diez causas por las que no se asciende

Mirar demasiado el reloj.

Hacer las cosas a medias.

Tener el trabajo atrasado.

Estar siempre refunfuñando.

No tener confianza en sí mismo.

No poner el corazón en el trabajo.

Tener como excusa "se me olvidó".

No atreverse a obrar conforme al propio criterio.

Estar contento con ser hombre de segunda categoría.

Creer que no vale la pena estudiar ni interesarse por nada.

Anónimo

El trabajo nos aleja de tres males: el hastío, el vicio y la carencia.

Voltaire

Nuestro quehacer en la vida no consiste en superar a otros
sino en superarnos a nosotros mismos,
romper nuestros propios récords,
sobrepasar nuestro pasado con nuestro presente.

Stewart Johnson

El trabajo manual

Un trabajo, sea cual fuere, humilde o destacado, puede estar bien o mal hecho.

Hay una manera diestra y bella de cavar una trinchera y una manera torpe y fea, como hay una manera seria y apasionada de preparar una conferencia y una manera negligente.

El trabajo puede llegar a procurar un placer tan completo que alcance a reemplazar todos los otros placeres.

Por mi parte, cuando intento imaginarme un paraíso, no acierto a concebirlo como un lugar de holgazanería eterna en el que las almas aladas y ociosas cantan tocando el arpa, sino como un gabinete de trabajo en el que, *ad eternum*, yo trabajaría en alguna novela admirable, infinita, con aquella fuerza alegre y aquella certidumbre que hay en la tierra y ya no habría conocido más que en muy raros minutos.

El paraíso del jardinero lo resume un jardín y el del carpintero, un banco de trabajo.

Un bello ejemplo de la unión del trabajo manual y el trabajo intelectual es cuando la mujer hace, con amor, el trabajo de su casa.

Una mujer que gobierna bien su casa es a la vez reina y vasallo. Es, para su marido y sus hijos, la que les hace posible el trabajo. Ella los preserva de las preocupaciones, los alimenta, los cuida.

Es ministerio de hacienda y, gracias a ella, la casa o el departamento tienen un encanto. Es ministro de la educación familiar y, gracias a ella, los muchachos van a la escuela técnica y las hijas son cultas.

Cualquier ama de casa debería hallarse tan orgullosa
de conseguir que su hogar sea un pequeño mundo
perfecto como el mayor estadista puede estarlo de
haber organizado un país.

El tiempo es tesoro de luz en tus manos para que
cinceles tu máximo afán.

José Luis Almada

*Mi abuelo una vez me dijo que hay dos clases de personas:
quienes trabajan y quienes quieren recibir el crédito.*

*El me dijo que tratara de estar en el primer grupo,
hay menos competencia allí.*

Indira Gandhi

No permitas nunca que tu vida sea como una página en blanco.

Anónimo

Jamás digas mentiras en o acerca de los negocios.

Mayer Anselm Rothschild

SERVIR A LA VIDA

¿Podríamos decir que un acto de servicio es más importante, de mayor valor o más trascendente que otro por el grado de dificultad, de complejidad o por la repercusión que conlleva?

El servir es, en sí, lo importante; encierra un valor intrínseco y pasa a ser trascendente por el hecho mismo.

Al trabajar, servimos no sólo a quien provee los sueldos, él sólo es el medio; servimos a otros, porque nuestra labor es siempre para los demás:

El barrendero no barre las calles para él sino para los peatones; el panadero no hornea para sí sino para los comensales; el ejecutivo no se dirige a sí mismo sino a su personal; el empresario no invierte sólo para él sino para dar empleos; el músico no toca para su deleite sino para sus oyentes.

¡Todos somos interdependientes, todos hemos de servirnos, por amor, unos a otros!

Así, la tarea más humilde y aparentemente sin importancia es un acto de servir, igual que aquella actividad a la que se le asigna más valor o se le considera más trascendente.

Entonces, al desempeñar uno u otro cometido:

¡Al trabajar servimos, por amor, a la humanidad, a Dios y a la vida!

IRENE FOHRI

¿CÓMO SE GANA UN TRABAJO?

¡El trabajo es de quien lo gana!

¿Y cómo se gana un trabajo?

Un trabajo se gana con:

> entusiasmo,
>
> ahínco,
>
> disciplina,
>
> empeño,
>
> honradez,
>
> profesionalismo,
>
> esfuerzo y
>
> amor al trabajo.

¡Así es como se gana el trabajo!

FRANCISCO ROMERO

*Soy un firme creyente de la suerte y encuentro que,
entre más arduamente trabajo, más suerte tengo.*

STEPHEN LEACOCK

*Trabajo con mis manos para crear, con mi cabeza para pensar
y con el corazón para sentir.*

ANÓNIMO

Consejos para el trabajo

Sonríe cuando prefieras fruncir el entrecejo.

Di una palabra bondadosa cuando prefieras decir algo desagradable.

Realiza una obra buena, aunque sea sencilla, cuando prefieras estar ocioso.

Piensa en algo bueno cuando quieras no pensar en nada.

Encuentra algo hermoso en toda tarea desagradable.

Habla siempre bien de tus compañeros cuando prefieras criticar.

Niégate a ti mismo alguna pequeña cosa cuando prefieras el placer.

Sé alegre cuando prefieras estar triste.

Da gracias a Dios cuando prefieras renegar.

Anónimo

Acepta tanto el halago como la crítica de tus compañeros y jefes.

Anónimo

Nunca me doy cuenta de lo que se ha hecho; sólo veo lo que falta por hacer.

Madame Curie

Diez máximas de prosperidad

Ten confianza en ti,
> eleva tu propia estima.

Respeta a tu jefe y a tus superiores,
> todo el mundo tiene una cabeza.

Haz tu trabajo armonioso,
> deja que en él penetre el sol.

Comienza tu trabajo diariamente por el más difícil,
> lo demás será un placer.

No hagas mucho caso de las críticas,
> usualmente es envidia.

Alégrate del éxito de los demás y estudia sus métodos de triunfo,
> pueden ayudarte.

No te dejes dominar por la amargura,
> porque te empequeñece.

Sé entusiasta y positivo,
> el entusiasmo es más contagioso que la peste.

No creas que triunfar es sólo ganar dinero,
> las riquezas están en el corazón.

Sé bueno y haz por lo menos una acción buena por día,
> eso es lo que realmente vale.

Francisco Sayrols

Todo ser humano que crea... da parte de sí mismo.

Anónimo

Riqueza

La paz en nuestra vida es uno de los máximos
tesoros, no pierdas lo más por lo menos.

Que el cansancio no te impida alentar a tu alrededor
por una vivencia tranquila.

ROGER PATRÓN LUJÁN

Mamá

En la casona de mis mayores había un jardín aledaño al
corredor y a la terraza y, más atrás, un huerto.

Mi madre, que amaba las flores, cultivaba el jardín.

Y mi padre, que gozaba del sabor de las frutas, cuidaba
los árboles.

El jardín estaba poblado de radiantes rosas de Francia y
luisaterries.

Y en las orillas había begonias y violetas.

El riego, mediante rehiletes giratorios, se hacía por las
noches, para que la humedad perdurara.

Y en las mañanas, muy temprano, mi madre y yo
trabajábamos en el jardín, revisando planta por planta,
desparasitándolas y podándolas, en su caso.

Mientras, mi madre ponderaba en alta voz la belleza de
cada flor, cual si pudieran escucharla y me decía:

"Ya verás cuántas más flores y más lindas vamos a tener,
pues las plantas son muy agradecidas".

Y añadía, con un dejo de tristeza,
   " ¡más que muchas personas!"

ALFREDO PATRÓN ARJONA

Los ropajes

Cierto día, la Hermosura y la Fealdad se juntaron en la orilla del mar y decidieron: Vamos a remojarnos en el mar.

Se despojaron de sus ropajes y se sumergieron en las aguas del mar.

Después de un rato, la Fealdad salió a la playa, se colocó los ropajes de la Hermosura y continuó su itinerario.

Y la Hermosura, igualmente, salió del mar, mas al no hallar sus ropas, y siendo tan tímida para caminar desnuda, se colocó el ropaje de la Fealdad.

Y la Hermosura igualmente continuó su itinerario.

Desde aquel momento, los seres humanos confunden y mezclan a la Hermosura con la Fealdad.

A pesar de lo cual hay personas que han contemplado el rostro de la Hermosura y la reconocen, sin importar los ropajes que lleva puestos.

¡En cambio hay otras que reconocen la cara de la Fealdad, pero se dejan llevar por los ropajes!

GIBRÁN JALIL GIBRÁN

VIDA ANTERIOR

Si vivo sólo para el dinero, me afectarán mucho
los cambios del dinero.

Si mi vida no es mía, me afectará lo que hagan los
dueños de mi vida.

Si me preocupo nada más de lo material, podrán
herirme las cosas materiales.

Pero si no anhelo tener más dinero del que necesito,
otros serán los que se preocupen por el dinero.

Si tengo vida interior, mi vida propia, nada podrá
contra ella la torpeza ajena.

Si mis ojos miran más allá de las cosas materiales,
éstas se volverán irrelevantes.

Ojos y boca tengo, corazón y años, sueños e ideales.

Nada de eso me quitó la devaluación.

Y, lo más importante:

¡Vivo continuamente enamorado
y mi amor no se cotiza en dólares!

ARMANDO FUENTES AGUIRRE

La peor bancarrota es haber perdido el entusiasmo.

H. W. ARNOLD

Mis acreedores

A mis padres les debo la vida.

A mis hijos les debo la herencia.

A mi mujer le debo mi amor.

A mis amigos les debo mi afecto.

A mis difuntos les debo una lágrima.

A mis enemigos les debo el perdón.

A los ancianos les debo respeto.

A ti te debo mi tiempo.

A mis empleados les debo el aumento.

Al banco le debo la casa.

A mi iglesia le debo el diezmo.

A Dios le debo todo.

A la muerte le debo esperar y con ella a todos les debo pagar.

GABRIEL GAMAR

¿Quién tiene más, el que todo tiene o el que nada necesita?

JUSTINO COMPEÁN ARIZTEGUI

UNA OPORTUNIDAD PARA AYUDAR

Nuestra actitud ante la pobreza del mundo puede ser:

Indiferente, al negarla o ignorarla.
> ¡No existe la pobreza!

Pasiva, reconocerla como una realidad ajena y abstracta.
> ... Hay pobres pero son parte del paisaje.

Compasiva, aceptarla y desentenderse.
> ¡Ojalá que alguien, el gobierno o las
> instituciones hagan algo por los pobres!

Decidida, responsabilizarse.
> La pobreza es un problema social.
> ¡Debo hacer algo en mi ámbito para mitigarla!

Comprometida, de entrega.
> ¡Me propongo hacer algo, porque en donde
> haya una persona muriendo de hambre, está
> una oportunidad para poder ayudar!

PAUL SAUL

Algunos ricos creen que, por ser ricos, ya se convirtieron en señores.

ALFREDO PATRÓN ARJONA

NO PUEDES COMPRAR

Tú puedes comprar el tiempo de la gente y aun su
presencia física en un determinado lugar.

Es más, puedes comprar una cantidad de movimientos
corporales por hora.

Pero...

No puedes comprar entusiasmo.

No puedes comprar lealtad.

No puedes comprar la dedicación de corazones,
mentes o almas.

No puedes comprar su perseverancia.

¡Éstos se tienen que ganar!

CLARENCE FRANCIS

*Si en su corazón no hay caridad, usted padece el peor de los
males cardíacos.*

BOB HOPE

*¿Alguna vez te has percatado de que sólo las riquezas materiales
van al basurero o al banco, mientras que las espirituales
las atesoramos en nuestra alma?*

IRENE FOHRI

RIQUEZA

En aquellos tiempos dijo Hu-Ssong a sus discípulos:

— Por rico que seas, siempre habrá alguien más
rico que tú. Por pobre que seas, siempre habrá
alguien más pobre que tú. Ni en la riqueza ni en
la pobreza consiste entonces la calidad del ser. Tu
superioridad no debe derivar de una comparación
con los demás.

Habló un discípulo:

— Maestro, la palabra "superior" es adjetivo
comparativo. ¿Cómo puedo saber si soy superior
a otro si no me comparo con él?

Le respondió Hu-Ssong:

— Compárate contigo mismo.
El deseo de ser superior a los demás es vanidad.

La verdadera grandeza reside en ser superior tú,
hoy, al hombre que tú fuiste ayer.

Los discípulos entendieron la lección.

*¡Desde ese día buscaron en sí mismos esa superioridad
que no es soberbia sino sincera búsqueda del bien!*

ARMANDO FUENTES AGUIRRE

*Hay un destino que nos hace hermanos: nadie recorre su camino solo.
Todo lo que enviamos a la vida de otros regresa a la nuestra.*

EDWIN MARKHAM

No te habías dado cuenta

Un día Dios bajó a la Tierra para visitar a sus hijos.

Llegó a la morada de un zapatero, una vivienda modesta y ordenada.

Dios:
—He caminado mucho y mis zapatos están rotos y mis pies maltrechos, ¿podrías hacerme unos zapatos?... Pero no tengo con qué pagarte.

Zapatero:
—Ya estoy cansado de que la gente me pida cosas y no dé nada a cambio. Tengo muchos sueños y no he podido realizarlos porque no tengo dinero.

—¿Qué es lo que necesitas? —preguntó Dios.

El zapatero, sonriendo, contestó:

—Quiero muchos, pero muchos pesos.

—Yo puedo dártelos, pero a cambio de que me des tus piernas —respondió Dios.

—¿Mis piernas?¿Cómo podré caminar por el bosque? ¿Cómo podré correr hacia mis hijos? No, no te puedo dar mis piernas.

Dios le dice:

—Entonces tus brazos.

—¿Cómo podré entonces alimentarme?¿Cómo podré abrazar a mi mujer?¿Cómo podré acariciar a mis nietos? No puedo darte mis brazos.

Dios insiste:

—¿Qué te parece si te doy muchos millones por tus ojos?

—Pero así jamás veré un amanecer, no podré ver los ojos de mi amada, disfrutar de la puesta del sol. ¡No, no puedo darte mis ojos!

—¡Ah! —dijo Dios— mira nada más cuántas riquezas posees y no te habías dado cuenta!

ANÓNIMO

El talento gana juegos, pero el trabajo de equipo
y la inteligencia ganan campeonatos.

MICHAEL JORDAN

El don más grande que la naturaleza otorgó al hombre es la palabra,
porque con ella nombra y trae lo más lejano y olvidado,
convirtiéndolo en ideas y pensamientos.

SANTOS VERGARA BADILLO

La soledad es la más temible de las pobrezas.

MADRE TERESA DE CALCUTA

La oportunidad de la crisis

Toda crisis nos ofrece una oportunidad para volver a nacer, para renovar nuestra concepción de nosotros mismos, para elegir la clase de cambio que debe ayudarnos a crecer y para realizarnos de manera más completa.

Estas posibilidades, que existen en toda crisis, hallan su expresión más perfecta en la lengua china.

El carácter escrito que en chino significa crisis está compuesto de dos símbolos iguales, uno significa peligro y el otro oportunidad.

Todos sabemos que la crisis entraña un peligro, por cuanto nos enfrenta a situaciones radicalmente diferentes de las ordinarias; pero con demasiada frecuencia olvidamos que la crisis entraña también una oportunidad de cambio y de crecimiento o desarrollo personal.

De la inseguridad, la angustia y el dolor que experimentamos frente al peligro y a lo desconocido, podemos salir con vitalidad y coraje renovados. Podemos renacer con nuevas fuerzas.

Para atravesar una crisis y salir de ella con un vigor personal acrecentado, aprendamos ante todo a aprovecharla en beneficio propio.

Y rechacemos los mitos y las falacias que se adueñan de nosotros y paralizan nuestra capacidad de aprender y desarrollarnos.

Cuando concentramos nuestra atención sobre
todo en el peligro inherente a la crisis en
lugar de atender a sus posibilidades para el
crecimiento, hacemos más difícil la superación
de la misma, y el miedo y la desesperación
nos impiden aprovechar la oportunidad de
desarrollo implícita en ella.

Conviene, ciertamente, tener una visión clara de
los elementos de confusión que entraña toda crisis
y que la interpretemos como un peligro, pero sin
dejar de apreciar las posibilidades de crecimiento
que ésta nos ofrece.

NENA Y GEORGE O'NEILL

Tan sólo por vivir, yo, Señor, te agradezco.

ANÓNIMO

*Los ideales son como las estrellas; no triunfarás al tocarlas con tus
manos... pero las escoges como tus guías y, al seguirlas, alcanzas
tu destino.*

CARL SCHURZ

Ayudar a los necesitados

El doctor Karl Menninger, famoso psiquiatra, ofreció en una ocasión una conferencia sobre salud mental y respondía a preguntas del auditorio.

—¿Qué le aconsejaría hacer a una persona —preguntó un hombre— que siente que le sobreviene un colapso nervioso?

Como era de esperarse la mayoría de los asistentes pensó que su respuesta sería: "Consulte a un psiquiatra".

Mas, para asombro de todos, respondió:

—Cierre su casa bajo llave, diríjase a los barrios pobres, busque algún necesitado y haga algo para ayudar a esa persona.

ANÓNIMO

Me siento más orgulloso de la forma en que manejaste el éxito que por tu éxito.

KIRK DOUGLAS

Sanar el cuerpo sin incluir la mente, sin permitir al cuerpo/mente penetrar en el corazón, es continuar con la pena de toda una vida.

STEPHEN LEVINE

La vida como arte

Vivir no es una ciencia exacta.

La vida es más bien una obra de arte.

Como el pintor o el poeta copian unas veces
del natural; otras, según la propia inspiración,
lo transforman pero no lo deforman, fantasean
y no mienten; infunden en la veracidad de la
observación el anhelo de la belleza; estilizan las
figuras dándoles el encanto de lo soñado sin
quitarles la precisión de lo percibido...

Así el hombre que posee el difícil arte de la vida,
con sumo tacto, con flexible discreción, acomoda
los planes más excelsos a las más restringidas
posibilidades, aplica los principios abstractos a
los casos concretos; desea mucho, pide menos,
se contenta con poco y en ese poco descubre
valores infinitos; siente la eternidad en el minuto
que vuela, saborea la felicidad en los pequeños
placeres, goza del universo en su doméstico
rincón, abarcando la tierra y el cielo entre los
pobres setos del jardín de su casa.

LUIS DE ZULUETA

Da, hasta que duela.

MADRE TERESA DE CALCUTA

R AÍCES

Nunca me cansaré de alabar las magnificencias
que nuestro país ofrece.

Además de disfrutar de sus bellezas,
debemos difundirlas,
al igual que los valores de nuestra gente.

ROGER PATRÓN LUJÁN

DEBEMOS HACER ALGO EN ESTA TIERRA

Dicen algunos que este asunto humano, con nombres,
apellidos y lamentos, no lo trate en las hojas de mis libros,
no le dé la escritura de mis versos.

Dicen que aquí murió la poesía. Dicen algunos que no
debo hacerlo.

La verdad es que siento no agradarlos, los saludo y les
saco mi sombrero y los dejo viajando en el Parnaso,
como ratas alegres por el queso.

Yo pertenezco a otra categoría, y sólo un hombre soy de
carne y hueso, por eso, si apalean a mi hermano, con lo
que tengo a la mano lo defiendo.

Con mi lámpara busco a los que caen, alivio sus heridas
y las cierro. Y ésos son los oficios del poeta, del aviador
y del picapedrero.

Debemos hacer algo en esta tierra, porque en este
planeta nos parieron.

Hay que arreglar las cosas de los hombres, porque no
somos pájaros ni perros.

Si cuando ataco a todos los que odio o cuando canto
a todos los que quiero, la poesía quiere abandonar las
esperanzas de mi manifiesto, yo sigo con las tablas de mi
ley, acumulando estrellas y lamentos; y en el duro deber
americano, no me importa una rosa más o menos.

Tengo un pacto de amor con la hermosura, tengo un pacto
de sangre con mi pueblo.

PABLO NERUDA

MI COLECCIÓN DE INSTANTES

Un día me propuse coleccionar instantes
que decidí guardar en forma de recuerdos,
fui escogiendo lo mejor de lo vivido
sin importar el tema o el motivo.

Escogí un atardecer en el Pacífico
y un amanecer en el Atlántico.
Guardé una tarde en las ruinas de Palenque
un sábado en el centro de San Ángel.
Un domingo por las calles de Cholula
y una noche con neblina en las montañas.

Una mañana navegando por el río
y otra cabalgando en la pradera.
Guardé también la mañana de mi boda
y el instante del primer llanto de mis hijos.
Sus risas y sus gritos cuando juegan
y su alegría en Navidad y el Día del Niño.

Guardé una noche de caricias con mi esposa
y otra de parranda con mis cuates.
Guardé una plática tranquila con mis padres
y una de recuerdos con mi abuela.
Un breve instante bromeando a mis hermanos
y un atardecer regando los geranios.

Guardé una madrugada diciéndole te amo
con la voz quebrada y el cuerpo tiritando.

Pero mi colección creció de tal manera
que no alcanzaron los espacios de mi mente
y dejé mi colección de instantes,
pendiente e inconclusa hasta la muerte.

GABRIEL GAMAR

AL SER DE MÉXICO

Al ser de México, he recibido:

la educación, la cultura, la música y las flores;

la lluvia, las piñatas, los altares y el pan de muerto;

los colores verde, blanco y rojo;

los amaneceres y los atardeceres de Pie de la Cuesta;

las columnas de Bellas Artes y la Sinfónica Nacional;

un baile de *rock and roll* bajo el Ángel;

el sonido alegre de una marimba;

un romántico beso con un trago de tequila y

¡la alegría al ver la sonrisa de un pequeño!

MÓNICA ZOYUDO

Vive de modo tal que, cuando tus hijos piensen
en la justicia y la integridad, piensen en ti.

H. JACKSON BROWN

Lema del progreso:

Producir más y no sólo trabajar para que la producción
se distribuya debidamente entre todos los hombres de todos los países
y de todas las clases sociales.

ANÓNINO

Un hombre vale mucho

¿Eres muy hombre?

Entonces di ¡no!, cuando no quieras tomar o cuando llegue el momento de negarse a beber una más.

El ser muy hombre no es averiguar "quién aguanta más", es no tomar una sola copa más cuando hay riesgos.

Las copas de más, no son "salud", son disgustos, accidentes, problemas, fracasos.

El ser muy hombre no es valer por lo que se tiene, ni por lo que se toma, es ¡valer por lo que se es!

El ser muy hombre no es inducir o manipular para que otros tomen o hagan algo que los daña.

El ser muy hombre es saber aconsejar, ayudar, auxiliar, cumplir, perdonar y pedir perdón.

El ser muy hombre es ser responsable consigo mismo, con la familia, con la sociedad y con la vida.

El ser muy hombre es aceptar que...

¡Un hombre vale mucho y por ello debe respetarse a sí mismo!

Anónimo

Nunca se te da más de lo que puedes manejar.

Lisa Wroble

Dejar de

Durante los periodos de crisis, algunas personas, más bien muchas, se han acercado a mí con un dejo de angustia y amargura, para saber mi opinión al respecto.

—¿Qué quieren que yo les diga? —les he respondido.

Todos estamos inmersos en una etapa de transición y en las épocas de cambio todos padecemos, todos sufrimos, a todos nos toca dejar algo a lo que estábamos acostumbrados.

Para algunos será dejar de vacacionar,
para otros será dejar de cambiar auto cada año,
para algunos más será dejar de comer carne,
para otros será dejar de usar taxis
y para otros será dejar de desperdiciar.

Sí, porque muchos estábamos acostumbrados a vivir con demasía, con excesos y ahora todos tenemos que aprender a ahorrar, a cuidar lo que tenemos y a planear verdaderamente aquello que debamos gastar.

ROGER PATRÓN LUJÁN

No puedes estrechar las manos con un puño cerrado.

INDIRA GANDHI

Entre bestias se lucha por medio de la fuerza, entre los hombres se ha de luchar por medio del razonamiento.

ANÓNIMO

¡QUÉ FÁCIL ES AMARGARSE LA VIDA!

¡Qué fácil es amargarse la vida y amargársela a los demás!

Es una tarea para quienes no están dispuestos a vivir, a amar... ¡Sí! *a amar para vivir. Porque al amar la vida hay esperanza y, al haber esperanza, ¡podemos vivir!*

La amargura nos llega por todas las especulaciones, las conjeturas, los pensamientos negativos de lo que viene, de lo que le sucederá a uno mismo, a la familia, a la sociedad y a la humanidad.

Mas, en tiempos como éstos, si hay una lección que aprender es que la vida se da como debe darse; todo ha de suceder como debe suceder, todo ha de ocurrir en el instante que debe ocurrir. Porque estamos aquí para vivir en presente nuestro destino y el de la humanidad.

¡Que no nos preocupe el futuro ni nos aniquile el pasado; que no nos llenemos de angustia por lo que vendrá ni de culpabilidad por lo que ya fue! Vivamos el hoy, solamente el hoy, con la seguridad de que habrá mejores tiempos.

Por ello, en vez de lamentarnos, de quejarnos, de autoaniquilarnos, empecemos a ver los fulgores de un nuevo día y regocijémonos por todo lo que aún podemos disfrutar, de todo lo que tenemos, de todas las riquezas no materiales que el Creador nos ha dado: los días de sol, los paisajes, los amigos, los hijos, los abuelos, los padres, los hermanos...

Entonces, no perdamos nuestro tiempo, no perdamos nuestra vida. Hay que empezar de nuevo, rescatémonos a nosotros mismos, restructuremos nuestra mente y recuperemos nuestra esperanza.

IRENE FOHRI

POR LA PATRIA

Querido hijo:

Cuando recibas ésta, habré marchado con mi batallón por la frontera del norte a la voz de la patria, que en estos momentos siente desgarradas sus entrañas.

No puede haber un solo mexicano que no acuda; yo lamento sólo que tu cortísima edad no te permita acompañarme. Si tengo la gloria de morir en esta causa, bendice tu orfandad y, con orgullo, podrás llamarte hijo de un patriota.

¡Sé siempre esclavo del deber!

Tu patria, tu hermana y esas tres mujeres que les han servido de madres, deberán formar un conjunto sagrado para ti, y a ellas deberás consagrar tu existencia.

Da un abrazo a María, Cenobia y Rosa, y tú, con mi querida Cuquita, reciban el corazón de su padre.

ÁLVARO OBREGÓN

Dios, guía a México. Permite que su pueblo y sus gobernantes saquen toda su fe, esperanza, confianza y amor.

ANÓNIMO

Para ser provechosamente nacionales, hay que ser generosamente universales.

JOSÉ VASCONCELOS

Como las joyas del reino

Érase una vez un sabio rey que envió a sus tres hijos a recorrer el mundo, y aquel que más méritos hiciera tendría como premio desposarse con Rocío, la más bella princesa del reino vecino.

Volvió el primero, Raúl, el mayor, convertido en barbero, el mejor barbero del mundo, capaz de rasurar a una liebre a plena carrera sin producirle el más leve rasguño.

Después llegó Danilo, el de en medio, que también venía hecho un campeón con la espada, el mejor espadachín del mundo, capaz de pararse bajo la lluvia sin permitir que una gota sola atravesara el molinete de su espada.

Por fin llegó el tercero, Miguel, el menor, que se había hecho mago ilusionista. Al verlo, su padre el rey, preguntó:

—¿El mejor del mundo?

—De ninguna manera, protestó Miguel. Cualquiera de mis maestros y compañeros es mejor que yo.

—¿Entonces en qué radican tus méritos?

—Mientras que todos los magos del mundo realizan su espectáculo pensando: "Voy a engañar a estos bobos", yo, al efectuar el mío, pienso: "Quiero lograr esta ilusión para ellos y para mí... así todos la disfrutaremos juntos".

—Miguel, tú eres el ganador.

¡Tus méritos no están en tu quehacer, sino en cómo lo haces; tu entrega es auténtica y genuina, como las joyas del reino!

Luis Alberto Cabello

LA HISTORIA SE REPITE

Cuando éramos niños esperábamos ilusionados la Nochebuena.

Redactábamos una ingenua carta con una enorme lista de "Quiero que me traigas", y pasábamos contando los días con un aparato que llamamos "Ya sólo faltan".

Y cada mañana nos asomábamos a ver cuántos días faltaban para Navidad. Pero a medida que se acercaba el día, las horas se nos hacían eternas y pasaban llenas de advertencias de *"Si no te portas bien"*.

Gozábamos las posadas, visitábamos a la familia, íbamos de compras y llenábamos de focos nuestro pino hasta que, por fin, llegaba la anhelada Nochebuena. La casa se llenaba de alegría y, con la mágica aparición de los regalos, las ilusiones se volvían realidad y, por un momento, olvidábamos el verdadero significado de la Navidad.

Hoy nuevamente llega la Nochebuena y la historia se repite con los hijos, que pasan los días redactando borradores de tiernas cartas con una imaginación sin límites. Piden, piden y piden: juguetes, pelotas, muñecas, "o lo que me quieras traer".

Y mientras a los niños la Navidad los llena de ilusión, a los adultos nos llena de esperanza y nos permite convivir con la familia regalándonos unos a otros cariño y buenos deseos, brindando por nuestros éxitos, apoyándonos en nuestras derrotas y tratando de entendernos.

¡Porque la mejor forma de festejar el nacimiento de Jesús es llamando al que está lejos, olvidando rencores tontos y resentimientos necios... amando y perdonando!

GABRIEL GAMAR

Comunicación con Dios

Agradece al Creador, hoy recibiste buenas noticias:
tienes una gran riqueza, tu salud, y una gran
alegría, tu familia, y la mayor bendición, el amor.

Agradece al Creador por cada día que,
rodeado de amor, familia y amigos,
compartiste el pan y el vino.

Roger Patrón Luján

LA TIENDA DEL CIELO

Hace mucho tiempo, caminando por la vida, vi un letrero que decía:

"La tienda del cielo".

Me acerqué y la puerta se abrió.

Cuando me di cuenta, ya estaba adentro.

Vi muchos ángeles; uno de ellos se acercó a mí, me dio una canasta y dijo:

> "Hijo, compra con cuidado.
>
> Todo lo que una persona necesita está en esta tienda. Lo que no puedas llevar ahora lo llevarás después.
>
> Primero compra paciencia; el amor está en la misma fila, más abajo encuentras la comprensión, eso que se necesita donde quiera que vayas".

Y compré sabiduría, fe y no olvidé el amor. ¿Cómo iba a olvidarlo si estaba por doquier?

Llegué al cajero y le pregunté "¿Cuánto le debo?"

Sonrió el ángel cajero y respondió:

"Lleva tu canasta a donde vayas, eso es todo".

ANÓNIMO

ESE ÁNGEL

Refiere una antigua leyenda que un niño, próximo a nacer, le dijo a Dios:

—Me vas a enviar mañana a la Tierra. Pero ¿cómo viviré allá, siendo tan pequeño y tan débil?

—Entre los muchos ángeles escogí a uno que te espera —contestó Dios.

—Pero aquí en el Cielo no hago más que cantar y sonreír y eso basta para mi felicidad. ¿Podré hacerlo allá?

—Ese ángel te cantará y sonreirá todos los días. Y te sentirás muy feliz con sus canciones y sus sonrisas.

—¿Y cómo entenderé cuando me hablen, si no conozco el extraño idioma de los hombres?

—Ese ángel te hablará y te enseñará las palabras más dulces y más tiernas que escuchan los humanos.

—¿Qué haré cuando quiera hablar contigo?

—Ese ángel juntará tus pequeñas manos y te enseñará a orar.

—He oído que en la Tierra hay hombres malos. ¿Quién me defenderá?

—Ese ángel te defenderá, aunque le cueste la vida.

—Pero estaré siempre triste porque no te veré más, Señor. Sin verte, me sentiré muy solo.

—Ese ángel te hablará de mí y te mostrará el camino para volver a mi presencia —le dijo Dios.

En ese instante, una paz inmensa reinaba en el Cielo.

No se oían voces terrestres. El niño decía suavemente:

—Dime su nombre, Señor.

Y Dios le contestó:

—*Ese ángel se llama "mamá".*

ANÓNIMO

Señor, brinda a mis hermanos, a mis amigos, a mis padres toda la luz que un día me enviaste para que además de poder ver nuevamente las maravillas creadas por ti, también abriera los ojos hacia el camino de la esperanza y del amor.

Gracias, Señor, porque tu luz ilumina mi ahora alegre existir.

SYLVIA H. GALLEGOS

Gracias, Dios, por haberme dado la oportunidad de vivir un día más.

ANÓNIMO

Una súplica

Señor, dame...

Vida
    para ver crecer a mis hijos.

Paciencia
    para enseñarles sin someterlos.

Sabiduría
    para que mis actos no los perjudiquen.

Amor
    para acompañarlos en su camino.

Fe
    para alentarlos.

Valor
    para aceptar lo que elijan.

ANÓNIMO

La oración debe de ir menos encaminada a cambiar el mundo que a cambiarnos a nosotros mismos.

DAVID WOLPE

Señor, ayúdanos a amarnos unos a otros como Tú nos amas.

MADRE TERESA DE CALCUTA

Rompecabezas

A mis catorce años de vida, me he dado cuenta de que existen dos cosas importantes:

La soledad y la fe.

Muchos dirán que esto es muy abstracto, que tiene algo de maniático, pero yo pienso que no. Por eso he tratado de formar el rompecabezas de la soledad.

Pero al armarlo no hallo más que tristeza y un mundo frívolo, ardiendo en dolor, sin sentido de la vida; un mundo único que a veces se encuentra sin querer.

También estoy tratando de formar el rompecabezas de la fe.

De éste ya llevo más de la mitad y en él veo claramente lo que yo esperaba: un mundo en que la soledad no interviene, porque en el gran rompecabezas de la fe está la paz y la eterna compañía de Dios.

Ana Paola Martín Moreno

Que pueda yo amarte cada vez más y hacer a los que me rodean que te amen más.

Anónimo

Gracias, Señor, por todo lo que me has "prestado".

Anónimo

El sueño de María

Tuve un sueño, José.

No lo pude comprender, realmente no, pero creo que se trataba del nacimiento de nuestro Hijo.

La gente estaba haciendo los preparativos con varias semanas de anticipación.

Decoraban las casas y compraban ropa nueva.

Salían de compras muchas veces y adquirían elaborados regalos.

Era muy peculiar, ya que envolvían los regalos con hermosos papeles y los ataban con preciosos moños para colocarlos debajo de un árbol, más bien de una rama tronchada que habían colocado en el interior de su hogar.

Y, cuando el día del nacimiento de nuestro Hijo llegó, la gente estaba feliz y sonriente. Yo lo estaba también porque creí que estaban celebrando a nuestro Hijo.

Todos estaban emocionados, pero era por los regalos que intercambiaban unos con otros.

Y nadie recordó que era el día del natalicio de nuestro Hijo, que en ese día lo que Él espera es el amor entre unos y otros, la reconciliación con quienes haya disputas, pero también que lo recuerden. En cambio Él sólo recibió olvido y desprecios, ya que ni siquiera mencionaron su nombre.

Estoy contenta porque sólo fue un sueño, pero qué terrible sería si fuera cierto, si nadie recordase y agradeciese a Jesucristo, nuestro hijo, en el día en que nació para ayudar a la humanidad.

Anónimo

PRIMERO DAR

Un día, Dios concedió a una persona el gran deseo de comprender cuál era el verdadero paraíso y cuál el infierno.

Así, Dios la llevó primero al infierno.

Era un gran salón, en medio del cual se encontraba una gran caldera en donde se cocinaba un delicioso guiso.

Había mucha gente alrededor, cada uno con una cuchara enorme.

Mas eran tantas las personas y tan grandes las cucharas que nadie alcanzaba a meter su cuchara y a comer de ella.

Por ello, con tan deliciosa comida frente a ellas, se morían de hambre.

Luego Dios la llevó al paraíso.

También era un salón de igual tamaño, con muchas personas y cada una con su cuchara de gran tamaño.

Pero, en cambio, ahí unos metían la cuchara a la caldera y le daban de comer al de enfrente, mientras el que daba comía de la cuchara que le ofrecía su vecino.

¡Por lo tanto, nadie moría de hambre!

ANÓNIMO

La oración es alegría, la oración es amor, la oración es paz. No puedes explicarla, debes vivirla.

MADRE TERESA DE CALCUTA

Madurez

Cuando en la vida se nos presentan oportunidades,
no podemos dejarlas escapar,
ya que jamás se repiten, jamás vuelven;
llegarán otras, mas no las mismas
y siempre nos estaremos lamentando
por haberlas dejado ir.

ROGER PATRÓN LUJÁN

El arte de envejecer

Si tu agenda no señala accidente mortal, crisis
cardíaca o enfermedad grave, llegarás a muy viejo.

Pero, ¿de qué te sirve envejecer si tu ancianidad
aportará todas las plagas de Egipto? —parálisis,
reumatismo, esclerosis, amnesia, sordera, ceguera,
infantilismo, aislamiento, soledad.

Las máquinas improductivas se desguanzan.

¿Es posible que las personas que se han vuelto
improductivas sigan siendo íntegras y felices?

Depende del ambiente, de la familia, de los
amigos, de los conocidos, de las condiciones de
jubilación.

En buena parte, depende también de ti.

Debes aprender a envejecer.

¡Envejecer no es una catástrofe!

Los días del otoño no son necesariamente
días desagradables.

Aprende a envejecer con un corazón joven.

¡Es todo un arte!

PHIL BOSMANS

MI DESEO DE MORIR

Ayer desperté decidido a morirme:

Pensé, ya no quiero vivir...

¿Para qué?
¿Con qué objeto?
Que los problemas los resuelvan otros,
que los triunfos los disfruten otros.

Yo ya no quiero saber nada,
ni recibir caricias, ni dar afecto,
ni dar amor, ni hacerlo.
Ya no quiero guiar a mis hijos,
ni amar a mi esposa, ni convivir con ella.
Ya no me importa conversar con nadie,
ni siquiera me interesa escribir poemas.

Entonces, me levanté muy decidido,
me bañé y me puse una pijama limpia
para meterme de nuevo en las cobijas
y marcharme para siempre de la vida.

Estaba decidido a morirme,
mas no quería morir como un suicida
y me dije: voy a morir durmiendo,
voy a quedarme quieto,
voy a cerrar los ojos y
dejaré de respirar hasta que muera.

De pronto, soñé que ya había muerto
y que había llegado al paraíso,
donde mis hijos me necesitaban,
donde mi mujer me amaba,
donde mis amigos jugaban a la vida,
donde mi padre era más que un padre y
mi madre me guiaba y me entendía.

Mi hermano y yo nos dábamos la mano
y mis hermanas me hablaban de su vida.
En el paraíso disfruté de la llovizna,
del sol, de la neblina y de la brisa.

Disfruté de las flores del jardín,
del agua de la fuente,
del canto de los pájaros
y del paisaje de enfrente.

Mas cuando desperté
ya era el día siguiente
y mi deseo de morir
¡al fin estaba ausente!

GABRIEL GAMAR

No hagan caso a los críticos;
nunca se ha erigido una estatua a un crítico.

JAN SIBELIUS

ESPERANDO

Allí estaba yo, en el bar del aeropuerto, mi vuelo con dos horas de retraso y lo que faltaba...

Llevaba ya tres cervezas y no sé cuántos cigarrillos cuando me di cuenta de que un viejo observaba. Estaba solo en una mesa y tenía una cerveza delante y su pipa en la mano; echaba humo, sorbía un trago con calma, con mucha calma.

Fue cuando decidí ir a su mesa.

—¿Me permite? —le dije, sentándome sin esperar respuesta al tiempo que él inclinaba ligeramente su cabeza y esbozaba una leve sonrisa. Fui directo al grano.

—¿De dónde saca tanta paciencia?

Me miró largamente antes de contestar:

—Hay que saber esperar, hay que saber vivir... ¿Tu cerveza es buena, está fría, sabe bien? ¿Tu cigarro es de una buena compañía, te inspira? ¿Todo ello estimula tu pensamiento?

Y prosiguió:

—Date tiempo para pensar. Nadie te interrumpirá, puedes dejar llegar tu pensamiento y observarlo sin rechazarlo ni retenerlo; déjalo flotar, que te haga sugerencias sin limitaciones ni razonamientos lógicos; más que pensar es sentir; percibe ese pensamiento o sentimiento como una imagen que nace en ti mismo y que no requiere medida ni calificativo, no es bueno ni malo, no es rico ni pobre, no se parece a nada ni a nadie, simplemente es energía vivencial; no rompas tu pensamiento, déjalo terminar suavemente, con clímax o sin él.

A partir de ese instante sentirás cómo se nutre tu
energía y cómo se eliminan las tensiones; habrá
una mayor lucidez mental y una mejor voluntad
para tus semejantes.

Cuando logres enfrentar así tu espera, comprenderás
que la naturaleza te proporciona ese paréntesis como
tu mejor oportunidad de vida: ¡no la desperdicies!

Y ahora, me marcho porque sale mi vuelo.

Que tengas un buen aterrizaje en tu espera,
joven curioso.

Y salió andando, pipa en mano y mochila al hombro.

Yo me quedé esperando y pensando:

¡Qué sabiduría dan los años!

LUIS ALBERTO CABELLO

*El amor es una planta en primavera que todo lo perfuma
con su esperanza.*

GUSTAVE FLAUBERT

TIEMPO

Perder tiempo es perder vida; es un suicidio parcial
que se consuma poco a poco.

El tiempo es un extraño ladrón.

Se lleva y roba nuestros momentos cuando son
ociosos y vacíos, vale decir, nos roba nuestra miseria
y nos deja miserables.

Pero si en nuestros minutos ponemos toda la riqueza
espiritual de nuestro esfuerzo, la riqueza es nuestra y el
tiempo no se la puede llevar; se va y nos deja opulentos.

Sujeta, pues, y haz tuyo el instante que pasa, llenándolo
de bondad, de estudio, de ensueño, y que tu dulce
abnegación por el bien de los otros, tu vigoroso ahínco
por la propia perfección, tu caminar perenne por los
mundos de la belleza vaya siempre bajo una íntima
palpitación de amor divino.

Así harás una alquimia inaudita:

¡Sacar eternidad del instante fugaz!

ALFONSO JUNCO

*Quien provoca situaciones difíciles, aumenta los obstáculos
en que se halla.*

FRANCISCO CÁNDIDO XAVIER

Miedo a la muerte

Miedo a la muerte
es haber vivido
sin haber hecho nada.

Yo no temo a la muerte
pues creo haber hecho
algo en mi vida.

Morir sin dejar rastro
es morir como tierra estéril;
yo ya tengo fruto.

Tal vez no sonría a la muerte,
pues el miedo existe,
pero moriré con serenidad.

Y al morir dejo
lo que más he querido:

¡La vida, mi familia y el amor!

CARLOS PATRÓN MÉNDEZ

*¡Cuán perfecta es la creación del hombre que, al declinar de la vida,
sabe que ha cumplido!*

ANÓNIMO

El caminante

Muchas veces había sentido que el tiempo se le escurría
entre los dedos, pero le inquietaba saber que aún no le
dejaba huella.

Para él eso era como haber sentido de cerca la muerte.

Ahora deseaba saberse intensamente vivo; quería andar sin
prisas, descalzo, por algún camino de árboles inmensos,
contemplativo de aquella verde felicidad.

Tenía la gana de caminar así, sin ninguna clase de permiso,
de modo que sus pies pálidos y desnudos olieran el
pastizal, percibieran cómo éste se transformaba en tierra y
la tierra en arena, hasta llegar al mar...

Una mañana se despidió de su casa y salió: iba a probar
andar hasta donde termina el río.

En realidad, éste sería su quinto intento, pero esta vez lo
animaba no sólo un objetivo en la mente: tenía ahora en el
corazón un anhelo.

Caminó, pues.

Su sendero comenzó siendo hostil y se fue haciendo cada
vez más estrecho, más de lo que él y su imaginación habían
hábilmente acordado.

El calor era, a ratos, asfixiante, y sólo por momentos muy
breves soplaba hasta su frente un ligero airecillo que le
regalaba de pronto un poco de consuelo.

Como lo imaginó, tuvo varias caídas; sin embargo, cuantas
veces estuvo a punto de desistir llegaba de repente a un
lugar enteramente distinto.

Así conoció los sitios más lejanos y hermosos,
rebosantes de árboles y pájaros, parajes húmedos
inmensamente bellos.

Pero se preguntaba, cada vez, cuánto faltaba para llegar
a su destino.

Un día, fatigado y molesto, con vagas esperanzas, él
no quiso seguir: sus pies encallecidos, ulcerados, se
negaron a hacerlo.

Deseó abandonar el camino y olvidarse de todo y de sí
mismo. En ese instante apareció la aurora. Miró hacia el
horizonte y leyó:

"Vivir no es fácil; sin embargo, es una experiencia maravillosa".

Cada noche, en la íntima paz de su lecho, él se detiene
y eleva la mirada; luego se inclina, cierra los ojos y sus
labios esbozan un suave y vehemente:

"Gracias".

Ahora sabe que cuanta tierra pisa, ahí es su destino.

Mientras sus ojos traducían con paciencia el horizonte,
su inteligencia rústica recibió el suave y dulce roce de
la mano de Dios.

PATRICIA SÁNCHEZ CELAYA

La grandeza de un ideal no es alcanzarlo sino luchar por él.
Alcanzarlo es sólo una recompensa.

JUAN JOSÉ MEDINA

LA DIGNIDAD DE DECLINAR

Qué infortunio para quienes no comprenden lo
que declinar significa.

Cuando el sol declina, arroba y emociona; sus
matices indescriptibles comunican asombro,
belleza, serenidad, alegría, eternidad, paz.

Jamás en nadie, nunca, lástima inspiran.

La más grande desgracia que nos puede suceder
cuando envejecemos no es morir: es dar lástima.

Si quienes ya iniciamos la sexta década de la vida
tan sólo suponemos que damos lástima, es que
perdimos lo que jamás debemos perder:

> *la dignidad al declinar.*

Declinar es...

> *permanecer vigentes;*

> *aceptar el paso del tiempo, con gracia,
> elegancia y alegría;*

> *seguir conquistando meta tras meta;*

> *elevarnos por el sendero de la filosofía espiritual;*

> *convertir el tiempo en un concepto humano, manejable;*

> *decidir que nuestro futuro nunca incierto será;*

> *dejar de vivir en el pasado;*

> *redefinirnos a nosotros mismos y trascender.*

Cuando se envejece con honor, se inspira
admiración, respeto, jerarquía.

Cuando se envejece con dignidad, se refleja
sabiduría, experiencia y seguridad.

Para lograrlo, sólo es suficiente seguir el código
que te propongo, código que en tu mente puede
nacer o morir, hoy y para siempre:

> *Seré justo,*
> *no diré mentiras,*
> *no robaré,*
> *no estaré ocioso.*

RIGOBERTO ORTEGA G.

Vive cada día como si fuera tu cumpleaños,
festeja porque hoy cumplirás
con una misión importante para tu vida...
¡vivir con alegría!

ROGER PATRÓN LUJÁN

Lo que importa no es agregar años a nuestra vida,
sino agregar vida a nuestros años.

ALEXIS CARREL

¡Vivir es amar!

Vivir es amarnos a nosotros mismos...

Nos conduce a amar a todos y todo lo demás, y sólo así descubrimos lo maravilloso de nuestra creación, de que somos únicos, y que estamos hechos a la medida para hacer lo que tenemos que realizar en el lugar en donde debemos llevarlo a cabo.

Vivir es amar a nuestra pareja...

Como a nosotros mismos, ya que nuestro compañero o compañera, al igual que nosotros, es única, no se repite y debe ser especial, dado que una relación de amor, amistad, afecto, ternura, comunión, compañía y respeto mutuo es lo que nos une.

Vivir es amar a la familia...

Es la base, el fundamento y los cimientos de nuestra vida. Porque tenemos siempre afecto, apoyo, ayuda, todo lo que surge del amor filial y se extiende en forma incondicional entre los miembros de una familia.

Vivir es amar a la humanidad...

Mientras nuestro Creador nos pide que nos "amemos los unos a los otros", nosotros hemos hecho lo contrario. El egoísmo nos ha llevado a cultivar envidias, resentimientos, rupturas, despedidas, separaciones y hasta guerras.

Vivir es amar a los animales y a la naturaleza...

Hay quienes no se percatan de que, lo y los
que nos rodean también tienen vida, pueden
estar alegres o tristes, pueden disfrutar o
sufrir y pueden morir, igual que nosotros.
Respetémoslos y apreciémoslos.

Vivir es amar a Dios...

Esforcémonos para descubrir lo divino que va
más allá de lo visible, la lógica, lo racional o las
apariencias exteriores que en forma superficial
alcanzamos a percibir, ya que sólo Dios nos
ayuda a encontrar la razón, el sentido y la alegría
de vivir.

Vivir es perdonar...

Como un camino del amor, aprendamos a pedir
perdón y a perdonar, tanto a quienes hemos
lastimado, a aquellos que nos han herido, como a
nosotros mismos para no cargar con culpas, para
disfrutar cada instante y para estar en armonía
con nuestros congéneres.

¡Vivir es amar y amar es vivir!

Irene Fohri

FILOSOFÍA DE LA VIDA...

... Creer en el espíritu del bien y en el espíritu del mal,
en la belleza y en la fealdad,
en la virtud y en el pecado,
en la lealtad y en la traición,

creer en el infierno y en el cielo,
creer en la patria,
creer en Dios.

Crear cada día algo que sea nuevo, aunque resulte más pequeño que el casi impalpable granillo de las arenas oceánicas y que luego parezca que se pierde como perfume, como lágrima, como suspiro.

Y esperar, siempre, con paciencia, con la fe teologal que se nos inculcó desde niños, con la que se nos alienta a confiar en la rehabilitación tras cada una de nuestras innumerables caídas; con la seguridad de que las perpetuas esencias de los valores profundamente humanos, la virtud, la belleza y la justicia, lleguen un día a imperar sobre la Tierra...

LUIS ARAUJO VALDIVIA

SENESCENCIA...

¡Qué infortunio para quienes no comprenden lo
que declinar significa!

Cuando el sol declina, arroba y emociona.

Sus matices indescriptibles comunican asombro,
belleza, serenidad, alegría, enfermedad, paz.
Jamás en nadie, nunca, lástima inspira.

La más grande desgracia que nos puede suceder
cuando envejecemos no es morir, es dar lástima.

Si quienes ya iniciamos la sexta década de la vida
tan sólo suponemos que damos lástima, es que
perdimos lo que jamás deberíamos de haber perdido:
la dignidad de declinar como seres cósmicos.

Cuando se envejece con honor, se inspira admiración,
respeto, jerarquía. Cuando se envejece con dignidad,
se refleja sabiduría, experiencia, seguridad.

¡Sólo así se envejece con señorío!
¡Sólo así se envejece con grandeza!

Para lograrlo, es suficiente seguir el código que te
propongo, código que en tu mente puede nacer o
morir, hoy para siempre:

Seré justo,
no diré mentiras,
no robaré,
no estaré ocioso.

RIGOBERTO ORTEGA G.

*Nunca pongas un signo de interrogación
donde Dios ha puesto un punto final.*

CONFUCIO

ÍNDICE DE AUTORES